海外大学院に「オンライン留学」しよう

自宅からはじめる、新しい人生への第一歩

近代科学社 Digital

まえがき ―海外大学「オンライン留学」への招待

　学び直しやリスキリングという言葉が聞かれるようになって久しくなります。人生100年と言われる時代。多くの人にとって、キャリアは当初想像していたよりも長い道のりになっています。社会人生活が長くなるにつれ、個人が経験するライフイベントやキャリアの道筋も多様化しています。

　さらにコロナ禍をきっかけに世の中は大きく変化しました。定年後はおろか、来年のことすら想像がつかないという人も多いのではないでしょうか。新しい産業やビジネスが生まれるたび、求められる知識やスキルも変化していきます。今は最先端と言われる知識や技術でも、10年後の状況はわかりません。そんな不安から、新しい知識や人とのつながりを求めて人々が学びに回帰しています。

　2005年に職業能力開発総合大学校が行った調査[1]によれば、社会人の約9割が学び直しを「受けたい」または「興味がある」と回答しました。2015年に文部科学省が行った調査[2]でも、約4割の社会人が大学で「学び直したい」または「興味がある」と回答しています。

　なかでも関心を集めるのが大学院です。先の職業能力開発総合大学校の調査[1]によれば、学び直しに興味を示した社会人のうち約半数が「大学院」での学び直しを希望しました。実際に大学に入り直した社会人の内訳を見てみても、**7割近くの人が大学院に進んでいることがわかります**[2]。実は大学院に進む社会人の数は平成の前半で約5倍に増えていて、以降はほぼ横ばいで推移しています[3, 4]。博士課程やMBA（経営学修士）に至っては、4〜5割近くを社会人学生が占めるというデータもあります[4, 5]。先端的な知識や専門性を身につけたいと願う人々の間で大学院が関心を集めているというわけです。

　21世紀以降、国内外の大学は急速にオンライン化を進めてきました。特に海外ではその動きが速く、2000年代頃からすでに教育のオンライン化が積極的に進められてきました。そして現在、欧米圏を中心に多くの大学でオンラインコースが開講されています。これらの多くはコースウェアと言われる学習用ウェブサイトを活用し、ほとんどの課程をオンラインで修了できるよう設計されています。したがって一度もキャンパスに通学せず学

習を進めることが可能というわけです。またこれらの大学の多くはオンラインであることを活用し、国境を越えて学生を受け入れています。つまり日本に暮らす私たちにもその門戸は開かれているのです。**日本での暮らしを続けながら、海外の大学院で最先端の学びを身につけ、人生に生かす——しかも、仕事や家庭とも両立させながら——そんな学び方が可能になってきています。それが本書で扱う「オンライン留学」です。**

　本書では、オンライン留学の知られざる実態を余すところなくご紹介します。第1章では、費用や語学面などの気になる点について一つひとつ解説します。第2章では、私自身のオンライン留学の日々を振り返ります。**オンラインで大学院に通うって、具体的にどういうこと？　どうやって学ぶの？　どんな生活になるの？　仕事との両立は？**これらの気になる点を詳しく解説していきます。第3章では皆様の行動を後押しすべく、情報収集から出願までの一連の流れを詳しくご紹介します。ワークシートやTo Doリストなどの便利な付録もご用意していますので、ぜひ活用してください。さらに第4章ではスペシャルコンテンツとして、他のオンライン留学経験者の方々のお話を伺います。彼らのオンライン留学はどのような日々だったのか。仕事や私生活とはどのようにバランスを取ってきたのか。その後のキャリアにどのように生かしているのか——。経験者たちの生の声からさらにイメージを膨らませていきます。それぞれの人生における転機。さらなる成長への渇望。仕事や私生活と両立させるうえでの葛藤。学ぶ喜び、充実感。数々のエピソードが、皆様のヒントとなれば幸いです。

　なお本書内の各ワークシートは下記のURLまたはQRコードよりダウンロードすることができます。ぜひお役立てください。

【URL:https://tinyurl.com/yq7392jp】

2023年10月

岸 志帆莉

参考文献

[1] 職業能力開発総合大学校 能力開発研究センター (2005). 「産学連携による大学・大学院等における 社会人向け訓練コース設定の推進 調査研究報告書 No. 128」. 職業能力開発総合大学校 基盤整備センター.
https://www.tetras.uitec.jeed.go.jp/files/kankoubutu/b-128-03.pdf (2023.9.13 参照)

[2] 文部科学省 (2015). 「社会人の大学等における学び直しの実態把握に関する調査研究」. 文部科学省.
https://www.mext.go.jp/a_menu/koutou/itaku/1371459.htm（2023.9.13 参照）

[3] 中央教育審議会 (2005). 「新時代の大学院教育 － 国際的に魅力ある大学院教育の構築に向けて － 答申」. 文部科学省.
https://www.mext.go.jp/b_menu/shingi/chukyo/chukyo0/toushin/05090501/021/003-25.pdf（2023.9.13 参照）

[4] 文部科学省 科学技術・学術政策研究所 (2020). 「科学技術指標 2020」. 文部科学省 科学技術・学術政策研究所.
https://www.nistep.go.jp/sti_indicator/2020/RM295_32.html（2023.9.13 参照）

[5] 文部科学省 (2017). 「大学院の現状を示す基本的なデータ」. 文部科学省.
https://www.mext.go.jp/component/b_menu/shingi/giji/__icsFiles/afieldfile/2017/07/24/1386653_05.pdf（2023.9.13 参照）

目次

第1章　海外大学「オンライン留学」のリアル

第2章　私のオンライン留学体験記

第3章 オンライン留学の準備をはじめよう

第4章　オンライン留学経験者たちのストーリー

第 **1** 章

海外大学「オンライン留学」のリアル

1.1　オンラインで世界に門戸を開く海外大学

さあ、それではさっそくオンライン留学への扉を開いてみましょう。

皆さんは、オンラインで大学院に通うというとどんな選択肢が頭に浮かぶでしょうか。放送大学などの通信制大学や、キャンパスを持たないいわゆるオンライン大学などを思い浮かべる方が多いかもしれません。これらは確かにオンライン教育の重要な担い手です。しかし今や、オンラインコースを開講するのは通信制大学だけではありません。

1.1.1　どんな大学で学べるの？

21世紀以降、世界各地で大学のオンライン化が進みました。アメリカ教育省によれば、コロナ禍以前の2019年時点で全米の約8割の大学がオンライン授業をすでに行っていました（公立大学に絞ると96％）[1]。当時からオンラインで正規課程を開講していた大学の割合も半数以上にのぼります[1]。

これらの大学には、昔から存在する**伝統校や名門校も含まれます**。たとえばアメリカのアイビーリーグ各校の状況を見ると、2023年現在、コロンビア大学など5校がオンラインによる正規課程を開講していることが各校ウェブサイト等から確認できます。イギリスの専門誌『タイムズ・ハイヤー・エデュケーション』(THE)が発表する大学ランキングの上位校においても、ほとんどがオンラインに対応しています。

1.1.2　どんなことを学べるの？

それでは、これらのオンラインコースでは一体どんなことが学べるのでしょうか。オンラインで学べることは今やあらゆる分野に及んでいます。ビジネス、医療看護、公衆衛生、コンピューターサイエンス、教育、言語学、等々……。

もともとビジネスや看護等をはじめとする実学分野では早くから通信教育が導入されてきましたが、現在では人文学や社会学、応用化学などの分野にも急速に広がっています。またテクノロジーの進歩により、これまで

オンライン化が難しいとされてきた自然科学等の分野でもオンライン化が進みつつあります。

1.1.3 どんな学位を目指せるの？

オンラインで目指せる学位にはどのようなものがあるのでしょうか。

実は、基本的に通学制とほとんど変わりません。**学士号から修士号、分野によっては博士号まで、オンラインで学べる道筋が整ってきています。**

学位のみならず、資格取得や学習証明書（サーティフィケート）を取得できるコースもあります。特に英語圏の大学では、いくつかの授業を履修して修了要件を満たすことでディプロマやサーティフィケートといった修了証を取得できる制度があります。海外ではこれらの修了証が就職の際に有利になったり、職業によっては必須要件であったりする場合もあり、人気の選択肢となっています。

さらに、学位や資格を目的としない人向けの選択肢もたくさんあります。短期の職業訓練コースや趣味の文化講座など、さまざまな目的を持つ人々から利用されています。

オンライン留学について、少しだけイメージが湧いてきたでしょうか（図1.1）。ちなみに何事についても言えるように、オンライン学習にも意義と課題の両面があります。オンライン学習の課題や解消方法についても、本章の「1.6 オンライン留学の課題と解消方法」で詳しく取り上げたいと思います。メリットと課題の両面を知り、より自分自身に合った選択につなげていきたいですね。

図1.1 オンライン授業を受けている様子（イメージ）

1.2　オンライン留学のメリット

　オンラインで海外大学に通うことのメリットを一言でまとめると、「海外大学」と「オンライン学習」のいいとこ取りができることだと思っています。「海外大学のよさ」×「オンライン学習の強み」を掛け合わせたオンライン留学は、これからの時代に合った素晴らしい学び方と言えるでしょう。

　ところで**オンライン学習のよさを語るには、対面学習のメリットもしっかり踏まえる必要があります**。対面には対面のよさがあり、人によっては対面が最適な場合もあります。また分野によっては、まだオンラインで学べる道が限られている場合もあるでしょう。両者をきちんと比較し、自分に合った選択をすることがよりよい将来につながります。

　実は著者である私自身、過去に大学院生として、通学コースとオンラインコースの両方をそれぞれ経験しています。本書ではその立場から、両者をできるだけ公平に比較していきます。**先に言ってしまうと、どちらがよりよいとか悪いといったことはありません。** それぞれに違ったよさがあるということです。

　それでは、まずは海外の現地に留学するメリットを考えていきましょう。

1.2.1　海外の大学に現地留学するメリット

(1)外国での生活を体験できる

　なんと言っても、海外留学のメリットは**海外生活を体験できること**です。海外での暮らしは大変なこともたくさんありますが、それ自体がかけがえのない人生経験になり得ます。新しい文化や社会の常識に触れ、価値観が根本から揺り動かされることもあるでしょう。苦労や不便も経験しつつ、新しい環境に適応していく道のりのなかで、学問以前に大切な学びを得ることができます。

(2)大学のキャンパスで学べる

　もうひとつのメリットは、現地のキャンパスで学べることです。**大学のキャンパスには、その大学ならではの歴史と文化が詰まっています。** 教室

や食堂、中庭の芝生などで仲間たちと過ごす時間を通して、貴重な思い出を得られるとともにその大学の学生であることを実感できます。

(3) クラスメイトと同じ教室で授業を受けられる

クラスメイトと同じ教室で学べることも対面学習のメリットです。同じ場所で誰かと体験を共有できることは、それ自体がとても価値のあることです。皮肉にもコロナ禍をきっかけに、そのことを私たちは再認識することになりました。オンラインにも人と気軽に出会えるなど素晴らしい面がありますが、対面のいいところは、**相手の空気感や温度を直接感じられること**だと思っています。

(4) 実践的なコミュニケーションの訓練を積める

コロナ禍以降、オンラインによるコミュニケーションの機会が格段に増えました。しかし人々が直接交わりながら生活していく風景は今後も続いていきます。対面授業はそうした生身のコミュニケーションの経験を積める貴重な機会です。特に海外の大学院にはさまざまな文化的背景を持つ人々が集まります。そんな「文化のるつぼ」に身を置き、**ときに衝突や葛藤を抱きながら人々と折り合っていく経験を積むことはコミュニケーションの最良の修行になります。**

(5) 人やものに直接触れられる

人やものに直接触れながら学べるのも対面授業ならではのメリットです。 学問分野によっては、直接人に会ったりものに触れたりすることができないと学習が成り立たないものもあります。音楽や芸術のように技術指導が必要な分野や、自然や生き物を対象とする分野、ものの質感や微妙な風合いが尊ばれるファッション等の分野もしかりです。もちろん、座学の部分はオンラインで学び、実習は対面で行うというふうに、両者を組み合わせながら学ぶこともできるでしょう。

(6) 通信環境の影響を受けにくい

　対面授業はオンライン授業と比較して、通信環境の影響を受けにくいというメリットもあります。ただし現在は対面でもデジタル教材を活用することがあるため、対面だからノーリスクとも言い切れません。学習がデジタル化するにつれ、この点は今後ますます課題になっていくことでしょう。

(7) 総合的な語学力が身につく

　バランスの取れた語学力が身につきやすいのも現地留学のメリットです。現地の教室に身を置き、生のディスカッションに参加するなかで、発話力はめきめきと向上します。また日常生活のなかで生きた言語表現を身につけることもできます。一方のオンライン授業では、発話力が伸びるかどうかは授業のスタイルによります。ライブ授業やZOOM等を活用したディスカッションを多く取り入れている場合は、現地留学と同様に発話力の伸びが期待できるでしょう。

　ここまで海外の現地に留学するメリットを見てきました。こうして見てみると、対面には対面のよさがたくさんあることがわかります。
　ちなみにここで挙げたメリットは、**あくまで学習者が社会人であることが前提です。**学生等の場合はまた考え方が異なりますので、その点は分けて考える必要があります。特に未就学児から義務教育においては、人との接し方や集団における自己表現等を実社会のなかで一から学んでいく必要があります。この段階においては、対面の環境がさらに多くの意義を持つことは言うまでもありません。
　次からはいよいよオンライン留学のメリットについて詳しく見ていきますが、やはり社会人の場合という前提で読み進めてください。

1.2.2　海外の大学にオンラインで留学するメリット

(1) 時間と場所の融通が利きやすい

　まずはなんと言っても、インターネット環境さえあればいつでもどこでも学べることです。自宅はもちろん、移動中や外出先からでも学びにアク

セスできます。

　海外の大学では、非リアルタイム（録画配信）のオンライン授業が一般的です。講義は録画で配信され、ディスカッションもオンラインの掲示板を使って進めていきます。そのため世界のどこにいても時差を気にせず参加できるというわけです。決まった時間にパソコンの前に座る必要もありません。仕事や育児ともよりバランスを取りやすくなりますね。私もよく洗濯物を干しながら講義を聴いたり、通勤途中にディスカッションに書き込みをしたりしていました。

　遅刻や欠席といった概念がないのも非リアルタイムの授業の魅力です。そもそもリアルタイムではないので、授業に遅れたり何かを見逃したりといったことが起こりません。急な出張や残業が発生しても安心ですね。

　なぜこのようなやり方が採用されているかというと、欧米（特に英語圏）の大学院では世界中から受講者を受け入れているからです。ひとつの時間帯に絞ってしまうと他地域の受講者に不利益が出てしまうため、このような配慮がなされています。誰も置いてけぼりにしない優しいシステムですね。

(2) キャリアを継続しやすい

　仕事を続けながら学べることもオンラインならではのメリットです。

　社会人が大学院に通うというと、かつては仕事を退職あるいは休職して行くものというイメージがありました。しかしオンラインという選択肢が広まったことで、その必要性はなくなりつつあります。

　仕事を続けながら学べることのメリットはたくさんあります。**まず、キャリアの見通しが立てやすくなること。**今の仕事でステップアップを目指す人は、リスクを負わずに知識や経験を増やすことができます。転居を伴う異動が発生しても、オンラインなら世界中どこからでも学べます。また仕事の現場に身を置きながらインプットを増やすことで、速い成長が期待できるというメリットもあります。

　転職などのキャリアチェンジを目指す人も、現職に身を置きながら次のステップを吟味できるため、より納得のいくキャリアを歩みやすくなります。再就職への不安から最初の内定に飛びつく必要もありません。また、転職

により生活時間が変わってもオンラインなら融通が利きやすくなります。

(3) より安価に学べる

(2) にも記載したように、**収入を得ながら学び続けられるため金銭面が安定しやすくなります**。また、オンライン学習は対面に比べてコストを抑えやすいのも特徴です。交通費や教材費、外食費や印刷代など多くの費用が抑えられます。現地留学と異なり、渡航費や引っ越しにかかる費用もカットできます。コスト面についてはとても重要なので、本章の「1.5　オンライン留学のお金の話」でより詳しくお話しします。

(4) 高い学習効果が期待できる

「オンラインで本当にちゃんと学べるの？」という点を不安に感じる人もいるかもしれません。

安心してください。オンライン学習はきちんと効果が保証された学び方です。

オンライン学習の効果はさまざまな研究によって実証されています[2]。オンラインが効果的に学べる理由はたくさんありますが、24時間学びにアクセスできる点や、学習者の好みに合わせて学習環境をカスタマイズしやすい点などがプラスに働くと考えられています[3]。

オンライン学習は通信教育の長い歴史の上に立つ、れっきとした学習方法です。日本にも通信制の大学や高校、さらに民間による通信教育サービスが多数存在しますが、オンライン教育はこうした通信教育の歴史に立脚する学習方法と言えます。また**社会人の場合、オンラインで学んだ人は学習への満足度を感じやすい傾向があることもわかっています**[3]。この点についても次のチャプターで詳しくお話ししますね。

(5) 学びがよりオープンになる

オープンな環境で学べるのもオンライン学習のよさです。

オンライン授業では、多くの情報が文字で共有されます。たとえば掲示板上のディスカッションではクラス全員の発言がすべて文字で公開され、

誰でも閲覧することができます。他のグループのディスカッションを見に行くこともできます。そこからたくさんの情報や気づきを得られます。

　海外の大学院は、さまざまなバックグラウンドや人生経験を持つ人々の集まりです。そこでは先生や教科書だけでなく、学生同士から学ぶことこそ貴重だったりします。**学生同士が互いから学び合うこと、つまり「ピアラーニング」を加速するのがオンライン授業のオープンな環境**なのです。

　ちなみに私が通っていたUniversity College London (UCL) では、各自の宿題も共有スペースに提出していたため、クラスメイト全員のレポートやエッセイを自由に閲覧することができました。あらゆる情報をオープンにすることで、クラスメイト同士の学び合いが促進され、集合知を形成しやすくなります。

(6) オンラインならではの出会いがある

　オンラインならではの出会いも貴重です。オンライン授業では現地留学と同様、あるいはそれ以上に多種多様な人々と出会えるのが魅力です。それは国籍や人種等にとどまりません。**特筆すべきは、そこに集まる人々のライフスタイルの多様さです。**

　オンラインを選んだ人々の多くは、それぞれの場所で仕事や家庭をもちながら学んでいます。特に育児や介護など家庭の役割を抱える人が多い傾向があります。さらに世界中を旅しながら働いている人や、数年おきに住む国が変わる人など、さながら生き方の見本市のようです。在学中に妊娠出産や転職等のライフイベントを経験する人もいます。ここまで多様なライフスタイルを現在進行形で歩んでいる人々に出会えるのは、オンラインならではの光景と言えるでしょう。

　生身の出会いももちろん貴重ですが、オンラインならではの出会いも貴重なものです。オンライン留学での出会いや人間関係については、第2章で詳しくお話ししますので、楽しみにしていてください。

(7) 英語ノンネイティブでも学びやすい

　実は、英語を母国語としない人も学びやすいという特徴もあります。オ

ンライン環境では、テクノロジーの力によってさまざまなハンディキャップを乗り越えやすくなるからです。特に読み書きに重点を置く英語教育を受けてきた日本人にとっては、プラスに働く面がかなりあります。

　非リアルタイムの授業では、**突発的な発話力を求められることは多くありません**。適切な表現がぱっと出てこなくても焦る必要はありません。時間をかければたいていのことは対処できます。

　リスニングが苦手な人も心配いりません。動画ならスロー再生も可能です。大学によっては字幕やスクリプト（文字起こし）を用意してくれる場合もあります。聞き取りが苦手なら読解に頼るという方法を取ることができるわけです。

　また文字のやりとりが中心のオンライン授業では、アクセントや流ちょうさに引け目を感じる必要もありません。ノンネイティブでも自信を持って堂々と文字で発言をすればいいのです。事実、**オンライン授業では言葉による力関係が生まれにくいことが研究等からわかっています**[4]。英語を母国語とする人だけでなく、それ以外の人にとっても優しい学習方法ですね。英語の面についても後ほど詳しく扱っていきます。

(8) 差別や偏見による不当な扱いを受けにくい

　オンライン学習はさまざまな面で公平な環境を作りやすいこともわかっています。差別や偏見を抑制し、多様性を尊重しやすいということです。

　理由はいくつかありますが、ひとつはオンラインであることで互いの違いを意識しにくくなると言われています[5]。オンライン授業ではおもに顔写真と文字テキストで交流します。フェイスブックやインスタグラム等のSNSを使用している人はイメージしやすいかもしれません。画像と文字だけで交流する環境では、互いの「違い」を意識する機会が減ります。**お互いの境界がぼやけることにより、差別心などが生まれにくく、より公平な雰囲気が生まれやすくなる**のです。

　またオンラインでは、どのような情報を開示するかも自分でコントロールしやすくなります。個人情報によっては、開示することで直接身の危険に関わる場合もあります。また女性が学ぶことを暗に禁じる国や地域も存

在します。他にも障がいの有無や身体的特徴など、どんな情報を開示するかを自分自身の意志で選べることは大きなポイントです。

　オンライン授業は人間らしい交流の欠如など、ネガティブな面が強調されることもあります。しかし不当な扱いや望まぬトラブルを避けやすいなどポジティブな面もあることは、ひとつ知っておきたいことですね。

(9) 危険やリスクを回避しながら安全に学べる

　オンライン授業では非接触性が確保されているため、感染症等のリスクを最小限に抑えることができます。また、**治安面も考慮すべきところです。**国によっては犯罪やテロなどの脅威もあります。私自身、ヨーロッパに暮らしていた頃は欧州でテロが多発していた時期と重なったこともあり、そうした脅威を身近に感じながら暮らしていたときもありました。自分が住んでいた区でテロが起こったこともありますし、犯罪に巻き込まれたこともあります。一方、オンラインなら日本に暮らしながら比較的安全に学ぶことができます。もちろん日本も聖域とは言えませんが、治安面については諸外国と比較して恵まれた方と言っていいでしょう。

　悪天候や事故等によるリスクも減らすことができます。健康や安全が保証されなければ学びどころではありませんよね。もちろん家にこもりきりになる必要はありませんが、自分の行動を自分の意志でコントロールしやすいのはひとつの利点だと思います。

(10) 学びの選択肢が世界に広がる

　最後に、オンラインであることの最大のメリットは**世界中から自分に最適な学びを選べること**です。日本に暮らしながら世界の名門大学で学ぶことも夢ではありません。世界最先端の知識への扉は、私たちの目の前に開かれているのです。

　それでは、ここからは「海外の大学で学ぶこと」のメリットに焦点を移して見ていきましょう。

1.2.3　海外の大学で学ぶことのメリット

(1) 世界最先端の知識にアクセスできる

　海外の大学で学ぶことのよさは、なんと言っても**最先端の知識や情報にアクセスできること**です。世界には特定の分野の研究が盛んな国や地域があります。分野ごとに最先端の研究を行う大学や研究機関もあります。たとえばコンピューターサイエンスならアメリカ西海岸を思い浮かべる人は多いでしょう。他にも建築ならヨーロッパ、英語教育ならイギリスやアメリカ、地域研究ならもちろん該当の地域など——。

　オンラインという選択肢が登場したことにより、今や直接それらの地域に行かなくても知識やネットワークを手に入れられるようになりました。もちろん直接行くことで学べることもありますし、行ってみてはじめてわかることもたくさんあるでしょう。**しかし「行けないからゼロ」という時代ではもはやありません。**その間に横たわるグラデーションのような選択肢が開かれたこと、それがオンライン時代の恩恵です。

(2) 語学力アップが期待できる

　語学力を磨けることも大きなメリットです。海外の大学では英語（または現地語）を使用するため、語学力は必然的にアップします。

　実は英語そのものを学ぶより、英語を使って何かを学ぶ方が言語の上達につながりやすいことがわかっています[6]。英語のテキストにひたすら取り組むより、仕事や趣味に関わることを英語で学ぶ方が効果的だということです。英語圏の子どもたちも、英語で授業を受けたり友達と遊んだりするなかで自然と言葉を習得していきます。海外の大学で学ぶことは、ネイティブスピーカーが通ってきた道のりをたどることでもあります。

(3) グローバル化するビジネス環境に備えることができる

　海外大学での学びを通して、グローバルな環境でのコミュニケーションを実践することもできます。海外の大学で学ぶことは、すなわち国際社会に身を置くことです。

　欧米では自分の意見をしっかり主張することが求められます。また知識

よりも個人の意見を問われる機会が多くあります。**何を知っているかより、何についてどのように考えるかがより重要**なのです。このような社会にうまく適応するにはそれなりの訓練が必要です。普段から物事を批判的に捉え、自分の意見を形成していく必要があります。そしてそれを論理的に伝える訓練も大切です。

　とはいえ、それは欧米圏の人々にとっても難しいことです。だからこそ彼らも大学等で訓練を積んでいくのです。アメリカなどでは「トーストマスターズクラブ」と呼ばれるスピーチサークルでさらなる研鑽を積む人もいます。幼少期から自己主張をたたき込まれた人たちですらさらなる研鑽を重ねていくのですから、最初からうまくできなくて当然です。海外の大学で学ぶことは、グローバル社会で自己表現をするためのよい訓練の場となるでしょう。そこから得られた学びや経験は、ビジネスや私生活などさまざまな場面で生かしていけるはずです。

(4) 人生が豊かになる

　最後に、海外の大学で学ぶことの最大のメリットだと個人的に思っていることをお伝えします。それは**世界中に友人ができる**ことです。

　世界中から集まった仲間たちと切磋琢磨しながら学ぶことは、それ自体かけがえのない経験になります。濃密な時間を共有できた仲間とは、その先もずっと絆が続いていくことでしょう。卒業後もSNSを通して連絡を取り合ったり、互いのライフイベントを喜び合ったり。生涯の交流に発展していく可能性もあります。海外のニュースを見たときに誰かの顔が浮かぶなど、ちょっとしたことが人生を豊かにしてくれるものです。世界に訪れたい国が増えれば、人生の楽しみも増えますね。

　オンライン授業での人との交流については、第4章でオンライン留学経験者の皆さんがそれぞれのエピソードを共有してくれています。併せて参考にしてみてください。

1.3 オンライン学習が効果的である理由

コロナ禍をきっかけにオンライン授業が広まりはじめた頃、その学習効果について疑問視する声がよく聞かれました。しかし**オンライン学習はとても効果的な学習方法であることがさまざまな研究によって実証されています**。ここからはオンライン学習の効果面について考えてみましょう。

1.3.1 オンライン留学＝通信教育の発展形

日本でも古くから通信制の大学や高校が存在しますが、オンライン教育はこうした通信教育の発展系と捉えることができます。

通信教育の学習効果については、過去100年以上にわたり研究が蓄積されてきました。特に1960年代以降は、対面学習と通信学習の効果を比較する研究が盛んに行われています。それらの研究を見ると、**対面と通信の間で教育効果の差はない**と結論する研究が多いことがわかります。

なかでも1920年代から90年代までに世界中で蓄積された355件の研究を詳細にレビューした研究者がいます。トーマス・ラッセルというこの研究者は、1999年に発表した報告書のなかで、「対面か通信かによって学習効果に差はない」と言い切っています[3]（ちなみに現在このレビュー研究はデータベース化され、オンラインで閲覧できるようになっています。その名も"The No Significant Difference"＝「有意な差はない」という名前のデータベースです。URL:https://detaresearch.org/research-support/no-significant-difference/）。

他にもアメリカ教育省が2010年に行った大規模な比較調査[7]があります。ここでもやはり、対面か通信（オンライン）かによって有意な違いは出ないという結論に至りました。なおこの調査では、同じ学習内容であればむしろオンラインで学んだ方が高い学習効果につながりやすいという結論も出ています[7]。

1.3.2 オンラインで効果的に学べる理由

オンラインでも効果的に学べる理由はいくつかありますが、まず24時間

学びにアクセスできる利便性が挙げられます。講義や教材だけでなく、ク
ラスメイト同士のディスカッションなどにも常にアクセスできるため、生
活と学びを一体化させやすい面があります。

　またオンライン授業では、対面授業と比較して時間をゆったりと使うこ
とができます。対面授業では通常90分という限られた時間のなかで講義や
ディスカッションが進行していきますが、オンライン授業では1〜2週間の
ペースで授業やディスカッションが進んでいきます。もちろんこの間、講
義や教材は視聴し放題です。**各課題にじっくり時間をかけて取り組むこ
とで、学びが深まりやすい側面があるということです。**オンライン授業な
らではの贅沢な時間の使い方と言えるでしょう。

　またオンライン学習では自分自身に合った学習方法を取り入れやすい面
もあります。教育学ではよく、人それぞれに適した学習スタイルがあると
いう説が言及されます。なかでも「VARK（視覚的・聴覚的・読字的・運
動的）」という分類は最も広く知られています[8]。つまり人は、視覚的に学
ぶことを好む人や聴覚から学ぶことを好む人など、4つの学習スタイルに
よって分類できるという考え方です。こうした学習スタイルの違いが学習
成果に影響を及ぼすかどうかは、今後のさらなる研究が待たれるところで
す。ただ外国語を学ぶ場合（あるいは外国語で何かを学ぶ場合）は、自分
の得意とするスキルに自覚的であることが有効とする研究がすでに多くあ
ります[8]。読解が得意な人は文字から情報を得た方が効率的ですし、リス
ニングが得意な人は「耳活」に専念するのもよい方法です。このように得
意なスキルを学習に使用しやすいのもオンライン学習の特長と言えます。

1.3.3　社会人はオンライン学習に満足を感じやすい？

　ちなみにすでにお話ししたとおり、**オンライン学習を選ぶ社会人は学習
への満足度を感じやすい傾向があることもわかっています**[3]。おそらくそ
こには、オンラインという選択肢がなければそもそも学べなかったという
事情が影響しているのかもしれません。「オンラインという選択肢があった
からこそ学べた！」という思いが、学習体験そのものへの満足度も高める
のかもしれませんね。この気持ちは、ひとりの経験者としてとても共感で

きます。

1.4　オンライン留学に必要な英語力

　ところで海外の大学院というと、英語に不安を感じる方もいるかもしれません。私自身、入学するまでは果たしてついていけるか心配でした。しかしオンライン留学を終えてみて思うのは、**「もし英語が唯一の不安なら、それだけを理由にあきらめるのはもったいない」**ということです。

　率直に言うと、英語で大学院の授業についていくのは確かに大変です。慣れないうちはリーディングをこなすだけでも大変かもしれません。でも大学院を目指す皆さんは、おそらくすでに日本の大学で英語の授業を取り終えた方々かと思います。大学レベルの英語クラスについていけた人であれば、やっていけないことはありません。そこを土台にスタートを切ることはできます。

　よく誤解されるのですが、大学院への入学時点で完璧な英語を使いこなせる必要はありません。ネイティブですら最初から大学院レベルのアカデミック英語を駆使できるわけではありません。彼らも大学院での授業を通してアカデミック英語を磨いていくのです。

　海外の大学には、英語を母国語としない人々が世界中から集まっています。私が通っていたUCLも学生の半数以上が外国人でした。だから英語ノンネイティブであることに引け目を感じる必要はありません。**むしろノンネイティブが多数派ということすらあり得ます。**

　だからもしも英語が唯一の不安材料ならば、それを理由にあきらめず挑戦していただきたいと思っています。最初さえ乗り越えられれば、卒業する頃には英語もぐんと上達しているはずです。

　ここからはオンライン留学で求められる英語力について、リーディング・ライティング・リスニング・スピーキングに分けて見ていきたいと思います。さらに大学院レベルの英語対策についても考えていきましょう。

　まずはリーディング（読解）から見ていきます。

1.4.1　オンライン留学で必要となる英語力 —現地留学と比較して

(1) リーディング

　リーディングはオンライン留学で最も使用頻度の高いスキルです。ご想像のとおりかもしれませんが、海外の大学では大量のリーディング課題が出ます。しかも毎週のように出るので、早いスパンでたくさん読んでいく必要があります。

　たとえば私が通ったUCLでは、学術論文を2本程度、あるいは学術書を1章分ほど読む課題が毎週出ました。最初は大変ですが、辞書を引きながら読んでいくうちに少しずつ慣れていきます。英文自体に慣れていくということもありますが、専門分野の知識が増えていくにつれ、知識でカバーできることも増えていきます。**英語のハードルは英語力だけで越えなければならないものではありません。**他の知識でカバーできる部分も大きいということを知っておくと便利です。

　また学術論文にはたいてい決まったフォーマットがあり、全文を読まなくても必要な情報を得られたりします。そうした取捨選択も慣れとともにできるようになっていきます。

●「多読」で英語を大量にインプットする

　リーディングに慣れるにはとにかく量をこなすのが一番です。そこに近道はありません。ただはじめから難解な長文に挑む必要はありません。**自分のレベルに合った英文を継続的に読むことが一番の近道です。**このような英語学習法を「多読」と言います。つまり自分のレベルに合った文章を大量に読むことで、リーディングの流ちょうさを鍛えるということです。

　いきなり英字新聞にチャレンジするのもいいですが、世の中には学習者向けに易しく書かれたコンテンツがたくさんあります。細かくレベル分けされた読み物のシリーズなどもあるので、そういうところからはじめてもよいかもしれません。特に図1.2のような海外出版社から出ているものはタイトル数も多く、細かくレベル分けがなされていておすすめです。

図1.2　Oxford Bookworms Library (Starter – Level 6)

　また多読では、**多少わからない単語があっても飛ばしてとにかく読み進めるのがいいとされています**。重要な単語はあとから何度も出てきます。英文を読むことに慣れてくると、前後関係からだんだん意味を推測できるようになっていきます。英語を学ぶときは、単語を抜き出して覚えるより自然な前後関係のなかで覚える方が記憶しやすいと言われています。それでもわからない場合は、その時点で辞書を引いても遅くはありません。

●関心分野に「一点集中」する

　さらに、大学院の学習に備えるにはその分野に時間と労力を一点集中することもポイントです。すでにお話ししたとおり、大学院レベルのリーディングは英語力の問題というよりその分野の知識量と深く関連しているからです。たとえば保健衛生を勉強したい人が経済新聞を毎日読んでいても、学習という観点からは効率的と言えません。やはりその分野の情報に普段から親しんでおくのが近道です。

(2) ライティング

　同じく使用頻度が高いのがライティングです。スピーキングと同様、ライティングはアウトプットに関わるスキルです。英語で何かを発信するの

は、確かにハードルが高いですよね。

　大学院ではエッセイやレポートなど、ライティング形式の課題がよく出ます。さらに修士論文がある場合、最終的に数万ワードの論文を書くことになります。書くことが苦手な人は、少し覚悟が必要かもしれません。ただしリーディングと同様、学習が進むにつれて必要な力はついてくるので過度に恐れる必要はありません。

　ライティングを負担に思うのはノンネイティブの学生だけではありません。英語を母国語とする学生たちにとってもライティングは鬼門なのです。大学院で使われるアカデミック英語は、彼らが日常生活のなかで使う英語とは異なるものです。アカデミック英語を勉強しなければならないのは、ネイティブの学生も一緒です。

●大学のサポートを最大限に活用しよう

　大学側もこのことをよく理解していて、さまざまなサポートを用意しています。たとえば多くの大学ではライティング指導を専門とする**「アカデミックライティングセンター」**という部門を設けています。ライティングに関わる講座を開講したり、個別指導などを行ってくれたりする場合もあるので、積極的に活用したいものです。

　また大学図書館でも同様のサポートを行っている場合があります。書く以前に大切な情報収集や資料検索に関して相談に乗ってくれたりもするので、やはり積極的に活用したいですね。

●テキストや参考書も活用しよう

　さらに、**ライティングの指南書やスタディスキル系の本も参考になります**。先生や司書の方に相談すればいくつかおすすめを紹介してくれるはずです。ご参考までに、私が当時よく使用していたライティング関係の本をいくつかご紹介します。

・*The Pyramid Principle, Third Edition: Logic in Writing and Thinking*（Barbara Minto 著）
・*Succeeding with Your Master's Dissertation, Second Edition: A Step-by-*

Step Handbook（John Biggam 著）
・*Real World Research, Third Edition*（Colin Robson 著）

●自分ひとりで背負い込む必要はない

　このように、入学後は先生や専門職の方々のサポートを受けながら学習を進めていきますので、今から過度に心配する必要はありません。特に**修士論文のときは必ず担当の先生がつき、ライティング面も含めて細かく指導してくれるはずです。**

　ちなみにこれらのサポートを利用するにあたり、オンライン受講生だからと言って遠慮する必要はまったくありません。普段オンラインで授業を受けていても、学籍登録をしている以上はその大学のれっきとした学生です。利用する権利はすべての学生に等しく与えられていますので、自分にとって必要なサポートはためらわずに活用しましょう。

(3) リスニング

　リスニングもオンライン授業でよく使うスキルのひとつです。講義を聴いたり動画を見たり、クラスメイトのプレゼンテーションを視聴したり。先生やクラスメイトと直接会話をする場面もあるかもしれません。

　リスニングに不安を覚える人も多いことと思います。しかし**オンライン授業ならこの点もテクノロジーの力で乗り越えやすくなります。**たとえば録画配信の講義なら、動画を早戻ししたり、繰り返したり、スロー再生したりなどが自由にできます。大学によっては字幕やスクリプト（文字起こし）を用意してくれる場合もあるので、使わない手はありません。

●オンラインならではのインクルーシブな環境

　こうしたサポートはもともと障がいを持つ方向けに広がった配慮ですが、英語学習者などさまざまな人の役に立つことがわかってきたので、積極的に取り入れる大学が増えています。こうした取り組みは「教育のユニバーサルデザイン」と呼ばれ、世界中で普及が進んでいます[9]。

　たとえば海外のある大学では、視覚障がいをもった学生のリクエストに

応じて画面上のフォントを変更したところ、他の一般の学生からも好評が寄せられたことがあったそうです[10]。ひとりの提案によって皆に優しいインクルーシブな学習環境を実現しやすいのもオンラインのいいところです。他にも動画の音量を調節したりフォントを大きくしたりなど、**学習環境を個人で自由に調節しやすい面があります**。そうした細かい部分が学習しやすさを左右するものです。

●リスニング力を底上げするには

リスニング力を底上げするにも、やはり実践あるのみです。おすすめは**「多聴」**という方法です。リーディング編で「多読」という英語学習法を紹介しましたが、この考えをリスニングに適応したのが「多聴」です。なんの種も仕掛けもないのですが、とにかく英語をたくさん聴いて慣れるということです。

リーディングと同じく、専門分野のボキャブラリーを増やすにはとにかくその分野の英語を聴くことです。日常的に英語を聴くことで、リスニング力と同時に知識やボキャブラリーを増やすことができます。専門分野の知識が増えれば、英語の問題もおのずとカバーできるようになります。

ちなみに多読と同じく、多聴も**自分のレベルにあったものからはじめるのがコツ**と言われています。まずは英語学習者向けのコンテンツなどを試してみてはいかがでしょうか。たとえばBBC（英国放送協会）のウェブサイトでは、学習者向けにさまざまな分野のポッドキャストや動画を公開しています。オーディオブックなども、プロのナレーターによる朗読が聴き取りやすくおすすめです。最近では個人による音声配信やSNSなど、音声メディアの種類もどんどん多様化しています。好みに合わせて取り入れてみてください。

(4) スピーキング

英語に不安を感じる方にとって、スピーキングは最も気になるところではないでしょうか。特に普段あまり英語で会話をする機会がない人にとってはハードルが高いですよね。

　オンライン授業の場合、スピーキングの必要性は科目によって大きく異なります。ただ全体的な傾向として、現地留学に比べると使用頻度は減ると考えていいでしょう。これまでもお伝えしてきたとおり、海外では非リアルタイムの授業が一般的です。文字のやりとりが中心なので、会話を避けようと思えば極力避けることもできます（人によってはこれもオンライン授業のひとつのメリットかもしれません）。私が所属していたコースでも、2年間の在学中に実際に誰かと言葉を交わす機会はそれほど多くありませんでした。入学時のオリエンテーションと、あとは先生と何度かスカイプや国際電話でミーティングをしたくらいです。

　ただしコースによってはスピーキング力がかなり求められるものもあります。特に経営学修士(MBA; Master of Business Administration)ではライブディスカッションが必須だったり、プレゼンテーションの課題が多く出たりするものもあります。さらに修士論文の代わりにビジネスコンテストが最終課題となっていたり、現地での授業参加が義務づけられていたりするものもあります。このようなコースでは、現地留学とほぼ変わらない環境だと思っておいた方がいいでしょう。英会話に自信がない方にとってはハードルが高いかもしれませんが、ひとつの試練と思って前向きに挑戦することで得られるものも多いはずです（むしろスピーキング力をアップしたい人はあえてそのようなコースに挑むのもひとつの手でしょう）（図1.3）。

図1.3　オンラインで対話をしている様子（イメージ）

●**完璧な英語を話せる必要はない**

　海外の大学で学ぶ以上、スピーキングを完全に避けることは難しいかもしれません。ただひとつ覚えておきたいのは、**海外の大学は世界中から留学生を受け入れているため、ノンネイティブの学生の対応にも慣れている**ということです。先生方や職員にも英語が母国語でない方はたくさんいます。

　海外では自己流のアクセントや文法を貫いている人がたくさんいますが、伝わりさえすればいいので誰も気にしていません。会話によって受け取っているものは言葉そのものでなく中身であり、中身さえ伝わればアクセントや文法等の細かいことはあまり気にならないものです。

　その点では、**ジェスチャーやボディランゲージも大切なツールです。表情や目線もしかりです。**オンライン授業ではZOOM等の会議ツールを利用するので、視覚を大いに活用することができます。

　さらに今は翻訳アプリもずいぶん進化してきて、会話にも対応できるようになってきました。電子辞書もいざというとき便利です。言葉に詰まったときこそテクノロジーの力を借りながらコミュニケーションを取っていきたいですね。

●**大学のサポートも活用しよう**

　海外ではほとんどの大学に**ランゲージセンター**という部門があり、語学講座や個別のガイダンス等を提供しています。eラーニングの自習教材を公開している場合もあります。さらにランゲージ・エクスチェンジ（言語交換）と言って学生同士で言葉を教え合う機会を設けたり、ボランティアによるメンター制度などを用意したりしている大学もあります。志望大学にどのような言語サポートがあるのか、あらかじめ調べてみてもいいかもしれません。

　英会話というとハードルが高く感じられるかもしれませんが、**とにかく知っている単語を並べて身振り手振りでコミュニケーションを取ろうとする姿勢がなにより大切です。**さらに言うと、そこから伝わる中身とあなた自身の人柄こそが最も雄弁な部分です。私はこれを書いている現在、中国の地方都市で暮らしています。中国語がほとんどわからない状態で来て、今でも日常会話に苦戦しています。それでも毎日ありったけの単語を並べ

て身振り手振りで相手に伝えるようにすると、不思議と相手もなんとなく理解してくれたりするものです。

　本書を手に取ってくださった方の多くは、義務教育から大学まで英語を学び続けてこられた方々かと思います。そのうえもしも大学院に合格されたら、そこでやっていける英語力があると大学側からお墨つきを得たようなものです。自信をもって挑んでください。最初は大変な時期もあるかもしれませんが、力がつくにつれて少しずつ楽になっていくはずです。利用できるサポートはとことん利用して、「英語力もアップさせちゃおう」くらいの気持ちで向き合えるといいですね。

1.4.2　英語力をハックする

　とはいえ大学院ではやはり相当な量のアウトプットが求められます。英語を母国語としない私たちにとってはそれなりに大変です。そこで考えたいのが、**英語力を「ハックする」、つまりテクノロジーを使って英語を攻略するということです。**

　世の中には英語でのコミュニケーションを支援する便利なツールがたくさんあります。多忙な社会人こそ積極的に取り入れて少しでも効率的に学習を進めていきたいものです。そこで、私自身がこれまでに試してきたサービスやツールをいくつかご紹介します。

(1) 自動翻訳サービス

　Google翻訳などの自動翻訳サービスはすでにご存知の方も多いかと思います。翻訳したい原文をフィールドに入力するとAIが自動的に翻訳してくれるものです。翻訳の精度も以前に比べればかなり向上してきました。もちろん生身の人間が訳しているわけではありませんので、文法ミスや誤訳などもあり得ます。この翻訳結果をそのまま論文等に利用するというよりは、表現面のヒントを得るために使うのがおすすめです。

(2) 例文検索サイト

　英語の例文を検索できるサイトです。日本ではアルクの「英辞郎 on

the WEB」などを利用したことがある人もいるかもしれません。私はよく
Linguee (www.linguee.com) というサイトを利用しています。登録不要
で誰でも利用でき、例文数もかなり豊富です。さらにヨーロッパの各言語
や中国語にも対応しているので、非英語圏への進学を検討する方にとって
も役立つでしょう。

(3) 英文添削アプリ

　AIが文章を自動添削してくれるサービスもあります。文法やスペル等の
他、表現面の改善を提案してくれるものもあります。たとえばGrammarly
(www.grammarly.com) はそのひとつです。ただし自動翻訳アプリと同じ
く生身の人間がチェックするわけではないので、これのみで完璧な英文に
仕上げられるとは限りません。修士論文など重要なものは、プロによる校
正サービスも併せて利用するのがおすすめです。

　ちなみにご存知の方も多いかと思いますが、Microsoft WordやGoogle
ドキュメント等にもこうした添削機能は標準搭載されています。特にGoogle
ドキュメントの文章修正機能はかなり充実しており、精度も上がっていま
す。まずはこうした機能を試してみて、さらに高度な機能が欲しくなった
ときに有料サービスを検討するのもいいかもしれません。

(4) 語学学習コミュニティ

　その他HiNative (hinative.com) など、言葉を学ぶ人同士で質問し合え
るコミュニティもあります。あくまで学習者同士なのでプロの講師に教え
てもらえるわけではありませんが、ちょっとした疑問を解消したりアドバ
イスをもらったりするのには適しています。

(5) 英文校正サービス

　プロの翻訳者による英文校正サービスはクオリティ面で最も信頼が置け
る選択肢です。修士論文や学会発表など、ここぞというときに利用したい
ものです。アカデミックやビジネスなど特定の分野に特化した会社もある
ので、目的に合ったところを見つけて活用しましょう。

　学習に役立つ便利な「ハック」についてご紹介してきました。ここでご紹介したものは英語学習においても強力な味方になってくれるはずです。ぜひ活用してみてください。

1.5　オンライン留学のお金の話

　ここまで海外の大学院で必要となる英語力についてお話ししてきました。ところで**英語と同じくらい気になるのがズバリ費用の面ではないでしょうか**。大学院への進学には費用がかかります。あらかじめ大まかなコストをイメージできたら安心ですね。

　ここからはオンラインで海外の大学院に進むために必要な費用について見ていきましょう。なお実際にかかる費用は大学やコースによって大きく異なります。出願にあたっては大学のウェブサイト等の公式情報を必ず確認してください。

1.5.1　海外留学するにはどのくらいのお金が必要？

　オンライン留学の費用を見ていく前に、まず海外の大学院へ現地留学するにはどのくらいの費用が必要か押さえておきましょう。国別に大まかな傾向をまとめると表1.1のようになります。

表1.1 国別留学コスト（平均）

国名	年間平均授業料（USD）	年間平均生活費（USD）
アメリカ合衆国	29,254	12,054
中国	3,813	7,452
台湾	3,436	9,922
イギリス	13,130	16,000
オーストラリア	23,575	14,502
ドイツ	一部州をのぞき無料（※公立大学の場合）	11,900
カナダ	15,591	11,737
フランス	3,100（※公立大学の場合）	11,550

※[11] および [12] をもとに著者作成
※各国の年間平均授業料（USD）は学士課程における平均
※ドイツおよびフランスの年間平均授業料（USD）はいずれも公立大学の場合

　表1.1からもわかるとおり、学費や生活にかかるコストは国によって大きく異なります。公立か私立かによっても差が出ます。ちなみにここでは学費と生活費のみを記載していますが、実際に海外へ現地留学するには下記のように他にもさまざまな費用がかかります。

・出願にかかる費用
　（語学試験の受験料、出願料、書類の取り寄せおよび翻訳等にかかる費用など）
・渡航にかかる費用
　（ビザおよびパスポート申請料、渡航費、引越費用、国際送金および両替等にかかる手数料、海外旅行保険料など）
・留学中にかかる費用
　（現地滞在先の物件にかかる各種保険料、交通費、教材費、その他学習にかかる費用、滞在中の旅行費用、帰国時のお土産代など）

1.5.2　オンライン留学にかかる費用 —現地留学との比較

それではオンライン留学の費用を見ていきましょう。オンラインで海外の大学院に進学する場合、どのくらいの費用がかかるのでしょうか。

一言でいうと、オンライン留学にかかるのは上記のうち**学費と出願にかかる費用だけ**です（もちろん日本での生活費はかかりますが、もともとかかるものなのでここでは省きます）。

まず海外に渡航しないので、上記の「渡航にかかる費用」はまるごとカットできます。「留学中にかかる費用」もほとんど省けます。旅行保険や引越費用はかかりませんし、通学しないので現地の交通費もただです。外食費や印刷費、教材費等も抑えられます。細かいところでは国際送金費や帰国時のお土産代等も不要です。

もうひとつ見逃せないのが、**オンラインなら仕事を続けながら学べるため金銭的に安定しやすいという点です**。多くの国では学生ビザに就労制限を設けており、現地で費用を調達することはほぼ不可能です。十分な貯金がない状態で渡航した場合、金銭的な不安を抱えることにもなりかねません。さらに仕事を退職して留学する場合、その間の収入は基本的に失うことになります。期間が数年にわたる場合、生涯年収にもそれなりの影響が出るでしょう。もちろんその分を将来取り戻すという気持ちで挑戦できたらそれはそれで素晴らしいことです。大事なお金のことですから、機会と損失の両面を見ながら納得のいく判断をしたいですね。

1.5.3　オンライン留学の学費の傾向

次に学費そのものの傾向を見てみましょう。学費こそ大学やコースによって大きく差が出るところです。オンラインと対面で別料金が設定されている場合もあれば、同額のところもあります。それぞれ個別に調べていく必要があります。

全体的な傾向としては、カリキュラムがまったく同じコースの場合、料金も同額であることが多い印象です。しかし**もとからデジタルファーストで開発されたコース**などにはかなり低価格なものもあります。たとえば米ジョージア工科大学が提供するコンピューターサイエンスの修士課程

（Online Master of Science Computer Science、略称OMSCS）がその一例です。このコースはデジタルファーストで開発され、100％オンラインで提供されています。アメリカの大学の年間平均授業料が約3万ドルであるのに対し、OMSCSは7,000ドルと、破格とも言える価格設定です。

その他各国の公開大学（放送大学）なども安価な選択肢です。たとえばイギリスの放送大学にあたるオープン・ユニバーシティの学費は、日本円に換算すると年間あたり100万円程度です（※2022年時点、学士課程の場合）。これはイギリスの大学の年間平均授業料と比較すると約6割程度の額です。

さらに単位認定や卒業を目的としない場合、無料で学べる選択肢もたくさんあります。MOOCs（大規模公開オンライン講座）やOERu（オープンエデュケーションリソース大学）などがその例です。

このように、学費は大学やコースによってかなり開きが出ます。一方、オンラインであることで節約できるコストがあることもおわかりいただけたでしょうか。

ちなみにコースによっては現地での授業参加が義務づけられているものもあります。この場合、渡航する回数分の航空券代と現地滞在費がかかるのであらかじめ想定しておきましょう。教材費などもコースによって異なります。事前にコストの全体像を把握したい場合は大学側へ直接問い合わせてみましょう。

1.5.4　実際にかかった費用 ―著者の場合

ここで私がイギリスの大学院にオンラインで進学した際にかかった費用を公開します。

・**学費**（約200万円）
・**入学審査料**（約1万5,000円）
・**オリエンテーション時の渡航費**（※出張と併せて渡航したため0円）
・**オリエンテーション時の現地滞在費**（約1万5,000円 ※1週間分。学生寮を利用）

- **教科書代**（約1万円）
- **期末試験を受験した際の施設利用費**（5万4,000円 ※2回分の合計）
- **修士論文の印刷・製本代**（約1万円）
- **研究にかかった諸経費**（約5万円）
- **出願時のIELTS受験料**（約2万5,000円）
  ※すべて2014〜16年当時の金額

　これらを合計すると、**約220万円程度**という額になりました。実際にイギリスの大学院に現地留学する場合、分野にもよりますが、約500万円前後からが相場と一般的に言われています。そこから比較すると半額以下に抑えられたことになります。

　ちなみに大学によってはオンライン受講生にも奨学金や学費減免制度を設けている場合があります。気になる場合はやはり大学側へ問い合わせてみましょう。

　海外の大学に進むには、いずれにしても数十万〜数百万円程度の費用がかかります。資金計画はあらかじめしっかりと立てておきたいですね。

1.6　オンライン留学の課題と解消方法

　これまで、おもにオンラインで大学院に行くことのポジティブな面についてご紹介してきました。しかし何事もそうであるように、**オンライン留学にも意義と課題の両面があります**。多くは工夫によって解消できるものですが、あらかじめ把握しておくことでよりよい選択につながります。ここでは「オンライン留学の課題と解消方法」について考えていきます。

1.6.1　海外で生活できるわけではない

　いきなり「当たり前でしょう」という突っ込みが聞こえてきそうなのですが、あえてお伝えします。オンライン留学は海外留学ではありません。もう少し正確に言うと、**海外生活をしたいというニーズに応えるものでは**

ありません。

　時々海外生活や語学に関心のある方から質問をいただくことがありますが、海外の文化や言葉自体に興味があるならば、やはり現地に行くのが一番いいと思います。ワーキングホリデーやホームステイなど、海外での生活を体験できる方法はいろいろあります。社会人の方はワーケーションや短期滞在などを視野に入れてもいいかもしれません。もちろんその時々の社会状況にもよりますが、今すぐに行けない場合は将来の目標として温めておくのもいいですね（ちなみに、いずれ海外に行くための予行練習にオンラインを活用するのはいいアイデアだと思います）。

1.6.2　IT環境の影響を受けやすい

　オンラインであるゆえに**テクノロジーの影響を受けやすい**ということもあります。特にネット環境はオンライン留学における生命線です。ここが万全でないと学習に直接影響が出ます。

　この点に苦しむクラスメイトを過去に何度か目にしてきました。特にオリエンテーションで一緒になったミャンマー在住のクラスメイトのことは今でも時々思い出します。オンラインで参加されていたのですが、ディスカッションの途中に何度も接続が途切れ、落ちては入り直し……を繰り返していました。なんでも自宅マンションにインターネットを引くことができず、授業のたびにホテルのラウンジに行って参加していたそうです。そんな環境をものともせず飛び込んだ勇気には敬意を表するばかりですが、同時に彼女のこの先がとても心配になったことを覚えています。

　さすがに日本ではここまでの状況に陥ることはないかもしれませんが、オンライン学習では会議ツール等を頻繁に使用するため油断も禁物です。事前に自宅の通信環境をチェックしておきましょう。パソコンやスマートフォンのスペックも学習の快適さを左右します。

1.6.3　人とのコミュニケーションに工夫が必要

　オンライン授業の場合、人とコミュニケーションを取る際にやはり対面とは異なる工夫が必要になります。最初は戸惑うこともあるかもしれませ

んが、慣れればクラスメイトとの交流が広がります。本書の第4章では4人の経験者たちがそれぞれの実践内容を共有してくれていますので、ぜひ参考にしてみてください。

1.6.4　日本の学術界と接点を持つにも工夫が必要

　見落としがちなポイントとして、日本の学術界と接点を持つために工夫が必要となる場合があります。日本でアカデミックなポジションにつくことを視野に入れている方は注意しておきたいポイントです。

　私の経験から言うと、海外の大学に所属しながら日本の学術界と接点を築くことはできます。もともとコネクションがない場合は多少工夫が必要ですが、不可能ではありません。推薦者がいなくても受け入れてくれる学会はありますし、勉強会やセミナー等を一般公開している学会もあります。事前に学会の雰囲気を知りたい場合はまず単発で参加してみるといいでしょう。最近では個人で勉強会等を主催される研究者もいます。SNS等で積極的に発信をされている方もいるので、フォローしてみるのもおすすめです。講演などを聴きに行った際に名刺交換をするという方法もあります。日本に住んでいる地の利を生かし、会いたい人には積極的に会いに行ってみましょう。**日本にいながら海外の大学で学ぶことは、両方の学術界を行き来しながら研究を深められるということでもあります。**

1.6.5　オンラインの導入が進んでいない分野もある

　学問分野によってはオンラインの導入があまり進んでいないことがあります。たとえば自然科学や危険物を扱ったりする分野等がその一例です。

　ただしテクノロジーの進化により、これらの分野でも今後オンラインの活用が進んでいくことが期待されています。たとえば近年ではバーチャル実験室やリモート実験室といった施設の活用が広がっています。バーチャル実験室とはコンピューターシミュレーションによって仮想的に実験を行う施設です。あくまでシミュレーションなので本物の実験を行うわけではありませんが、それゆえにリスクを恐れずさまざまな実験に取り組めるメリットがあります[13]。一方のリモート実験室とは、ロボットを遠隔操作す

ることで本物の実験を行える施設です。エンジニアリングなどの分野ですでに活用が進んでおり、今後さらなる分野への応用が期待されます[14]。

　またコロナ禍以降、自宅での実験を推奨する大学も増えています。たとえばUCLではコロナ禍をきっかけに学生の自宅へ実験キットを送付する試みをはじめました。オープン・ユニバーシティなどでは以前から行われてきましたが、同様の取り組みは現在各地に広がっています。もちろんすべての教育機関がこうした方法を採用できるわけではありませんが、志望校がどのような取り組みを行っているか調べてみるのもいいでしょう。

1.6.6　体調管理に工夫が必要

　最後に、オンライン留学ではぜひ**体調管理に気を配りたいところです。**リモートワークの課題とも共通するところですが、意識的にオンとオフの切り替えをしていきたいものです。オンライン学習では移動の機会が少なく、運動量が減る傾向にあります。目の健康や睡眠への影響も無視できません。時間を区切ってスクリーンから離れたり、寝る前はパソコンを使用しないようにしたりするなど、自分なりのルールを設けることをおすすめします。

　またオンライン学習では注意を阻害するものが少なく、気をつけなければ過労やメンタルの不調にもつながりかねません。予防策としてはやはり意識的に休息を取り入れることです。自分でコントロールするのが難しい場合はアラーム等を活用するのもおすすめです。学習の間に短い休憩をはさむことは学習効果にもよい影響をもたらすことがわかっています[15]。

　大学院での学習は長期戦です。自分自身を適切にケアしながら取り組んでいきたいですね。

参考文献

[1]　Ruiz, R. & Sun, J. (2021, February 17).*Distance Education in College: What Do We Know from IPEDS?*.NCES Blog.
https://nces.ed.gov/blogs/nces/post/distance-education-in-college-what-do-we-know-from-ipeds(2023.9.19参照)

[2]　Moore, M.G., & Diehl, W.C. (Eds.). (2018).*Handbook of Distance Education (4th ed.)*.Routledge.

[3]　Russell, T. (1999).*The No Significant Difference Phenomenon: A Comparative Re-search Annotated Bibliography on Technology for Distance Education: as Reported in 355 Research Reports, Summaries and Papers.*North Carolina State University Press.

[4]　Zhao, N., & McDougall, D. (2008). Cultural influences on Chinese students' asynchronous online learning in a Canadian university.*Journal of Distance Education*, 22(2), 59-80.

[5]　Talbot, C. (2015).*Studying at a Distance: A Guide for Students.*McGraw-Hill.

[6]　Ball, P., Kelly, K., & Clegg, J. (2016).*Putting CLIL into Practice: Oxford Handbooks for Language Teachers.*Oxford University Press.

[7]　Riggs, S. (2020).*Thrive Online: A New Approach to Building Expertise and Con-fidence as an Online Educator.*Stylus Publishing.

[8]　Tabatabei, E. (2018). Innovative, creative VARK learning styles improvement strategies.*Global Journal of Foreign Language Teaching*, 8(3), 87-93.

[9]　North Carolina State University, The Center for Universal Design. (1997).*The Principles of Universal Design.*North Carolina State University.
https://design.ncsu.edu/research/center-for-universal-design/（2023.9.19参照）

[10]　Kinash, S. (2006).*Seeing Beyond Blindness: Critical Concerns in Blind-ness.*Information Age Publishing.

[11]　HSBC Bank China. (n.d.).*What Does It Cost to Study Abroad?.*
www.hsbc.com.cn/en-cn/wealth/education/study-abroad-cost/（2023.9.19参照）

[12]　Collier, S. (2021, June 7).*How Much Does It Cost to Study in Europe?.*QS Top Universities.
https://www.topuniversities.com/student-info/student-finance/how-much-does-it-cost-study-europe（2023.9.19参照）

[13]　Kennepohl, D. (2018). Teaching science at a distance. In M.G. Moore & W.C. Diehl (Eds.),*Handbook of Distance Education*(4th ed.,pp. 486-498). Routledge.

[14]　Gröber, S., Eckert, B., & Jodl, H-J. (2014). A new medium for physics teaching: Results of a worldwide study of Remotely Controlled Laboratories (RCLs).*European Journal of Physics*, 35(1), 18001-18004.

[15]　Oakley, B., & Schewe, O. (2021).*Learn Like a Pro: Science-based Tools to Become Better at Anything.*St. Martin's Publishing Group.

第2章

私のオンライン留学体験記

2.1　情報収集と大学選び

　第1章ではオンライン留学の全体像についてお話ししてきました。オンライン留学のメリットから、必要な英語力、費用面など——。オンライン留学の輪郭がなんとなく見えてきたでしょうか。

　ここからは、まるごと1章を割いて私自身のオンライン留学経験についてお話しします。情報収集から出願、入学後の生活まで、当時の様子を詳細に振り返っていきます。さらにオンライン留学がその後の人生に与えた影響についても振り返ります。どうかおつき合いください。

2.1.1　オンライン留学との出会い

　まずは私とオンライン留学の出会いから振り返ってみることにします。私が大学院で学ぶ決意をするまでにはいくつかのきっかけがありました。少し私的な話になりますが、私は20代前半に2度の失業を経験しました。ちょうどリーマン・ショックが発生し社会が激震していたときでした。さらにその数年後に東日本大震災が発生しました。2度の失業に、国を揺るがす大災害。そして世界を揺るがす大恐慌。これらを20代前半という時期に経験したことは、私のなかでひとつの転機となりました。

　悩んだ末に心に浮かんだのが、大学で学び直すという選択肢でした。しっかりとした知識やスキルを身につければ、社会から必要とされる人間になれるのではないかと考えたのです。しかし当時はフルタイム勤務のうえに、残業や週末勤務も抱えており、大学院への通学はハードルが高いものでした。あきらめかけていた矢先、目に留まったのが海外大学院のオンラインコースの案内でした。しかもそれは教育分野で世界最高峰の評価を受ける英ユニバーシティ・カレッジ・ロンドン (UCL) の修士課程でした。

　仕事と並行しながら受験準備を進め、2014年に晴れてUCLに入学しました。そこから2年間、日本で働きながらオンラインでイギリスの大学院に「留学」する生活がはじまりました。

2.1.2　譲れなかった5つの条件 —著者の場合

　大学院に行くと決めたとき、最初に行ったのは情報収集でした。海外に
目を向けると選択肢は膨大に広がります。そのなかで効率的に情報を吟味
するには、まずは自分と向き合い、自分自身のニーズを明確にする必要が
あると思いました。自分にとって譲れない条件を整理した結果、次の5つ
に集約されました。

(1) 英語で学べること
(2) 予算内に収まること
(3) オンラインで完結できること
(4) 本当に学びたいことを学べること
(5) 出願プロセスが比較的シンプルであること

(1) 英語で学べること

　まずはなんと言っても**英語で学べること**がポイントでした。当時の私の
使用言語は日本語と英語のみだったので、英語で学べるコースへと必然的
に絞られていきました。

(2) 予算内に収まること

　予算も重要なポイントでした。私の場合は他のライフプランとの兼ね合
いもあり、大学院のために借金やローンを組むことはしない予定でした。
自分自身の支払い能力を吟味し、**在学中の2年間で学費を払い終える計画
を立てました。**

(3) オンラインで完結できること

　また**極力オンラインで完結できるコース**を希望していました。オンライ
ンであることで仕事や家庭とも両立させやすく、コストの削減にもつなが
ると考えたのです。それにせっかくオンラインで学ぶなら、オンラインだ
けでどこまでやれるのか試してみたいという好奇心もありました。

(4) 本当に学びたいことを学べること

　自分が本当に学びたいことを学べるかどうかも大切なポイントでした。私は仕事上の理由や興味関心から教育学を学ぼうと考えましたが、この分野についてはゼロからのスタートだったため、まずは教育について一から体系的に学習できるコースを探しました。そのうえで学習が進むにつれて自分の方向性を絞っていけるコースが理想だと考えました。

(5) 出願プロセスが比較的シンプルであること

　出願プロセスの簡潔さも重要なポイントでした。仕事や家事の合間を縫って手続きを進めていくわけですから、プロセスが簡潔であるに越したことはありません。

　大学院への出願には時間も労力もかかりますが、国によっては統一システムを採用してプロセスの簡素化を図っているところもあります。たとえばイギリスではUCAS(The Universities and Colleges Admissions Service)という公的機関が国内大学の出願事務を一括で担っています。フランスでも「フランス政府留学局」(Campus France)が一元的に窓口を担っています。このようなシステムが採用されている場合、出願および併願にかかる労力をかなり抑えられます。

　推薦状の枚数も見逃せないポイントです。詳しくは改めてお話ししますが、アメリカだと3通、イギリスでは2通求められるのが一般的です。推薦状の枚数によってかかる時間や労力がずいぶん変わるので、ここも無視できないところです。

2.1.3　大学院を選ぶ

　これらの条件をもとに選択肢を絞っていき、最終的にイギリス国内の3つの大学が候補に残りました。そのなかから慎重に検討し、母校UCLへの進学を決めました。

　UCLはロンドンに本拠を置く総合大学です（図2.1）。イギリス国内では3番目に古い大学で、オックスフォード大学とケンブリッジ大学に次いで1826年に創立されました[1]。これまでにノーベル賞受賞者を30人輩出

するなど、学術面の功績が多い大学です（※2023年現在）。世界大学ランキングでも毎年上位にランクインし、2022年のQS世界大学ランキングでは世界第8位に輝いています。

図2.1　UCLの校舎（外観）

　UCLへの進学を決めた理由はいくつかありますが、まず**通信教育のパイオニアであるところに惹かれました。**UCLはイギリス国内でいち早く通信教育を開始したロンドン大学グループに属する大学です。19世紀中頃から往復テキストによる通信教育を開始し、以来150年以上にわたり世界各地の人々に質の高い教育を提供してきました。実は南アフリカのネルソン・マンデラ元大統領もロンドン大学の通信教育を受けたひとりです。彼は母国の南アフリカで27年間の投獄生活を送るなか、ロンドン大学の通信教育課程で法学を学び、そこで得た学びはその後のキャリアに生かされました。

　さらに惹かれたのはUCLの多様性を重んじる校風です。UCLはイギリスではじめて女性やキリスト教徒以外の人々を受け入れた大学です[1]。さらにイギリス国内でいち早く外国人留学生の受け入れを進めてきた大学でもあります。**その留学生の先駆者たちは実は日本人です。**伊藤博文をはじめとする長州藩の5名の志士たち、いわゆる「長州ファイブ」がUCLへの最初の留学生でした[1]。こうした多様性を称え、文豪のチャールズ・ディケ

ンズは UCL を「人々の大学 (People's University)」と形容しました[1]。

　UCL の多様性、そして歴史を重んじる精神、これらすべてが UCL に惹かれた理由です。

2.2　オリエンテーション in ロンドン

　出願から数ヶ月が経ったある日。仕事帰りにメールを開くと UCL から連絡が届いていました。結果は、合格。心のなかで小さくガッツポーズをしたことを覚えています。メールには大学からのウェルカムメッセージに加え、オリエンテーションの案内が添付されていました。

2.2.1　オリエンテーションとは

　オリエンテーションとは、入学時に行われる新入生向けのプログラムのことです。おもに大学生活全般に関する説明会などが行われます。クラスメイトや教職員と親睦を深める目的もあります。

　UCL では最初に 2 週間のオリエンテーションウィークが設けられていました。学生生活に関するガイダンスや図書館ツアーなどが開催された他、最初の必修授業の集中講義などもありました。

2.2.2　人生初のハイブリッド授業

　オリエンテーションには現地参加とオンライン参加という 2 つの選択肢がありました。リアルタイムで参加できない人向けに録画配信も用意されていました。私はもともとオンラインで参加するつもりでしたが、オリエンテーションとイギリス出張のタイミングがちょうど重なり、現地キャンパスで参加することにしました。

　そして 2014 年の夏、ロンドンに降り立ちました。これから始まるオリエンテーションに期待を膨らませながら教室に入ると、すでにクラスメイトが何人か着席していました。アブダビ出身の 2 人と、カタール在住のイギリス人女性。それぞれと挨拶を交わしたあと、改めて教室内を見回しま

した。すると普通の教室と異なる点にいくつか気づきました。

　まず教室の後方に大型のビデオカメラが2台設置されていました。教室前方には大きなスクリーンが設置されていました。その隅では先生らしき女性がPCに向かってなにやら忙しそうにタイピングをしていました。そうかと思えば突然笑いだしたり、画面に向かって話しかけるようなそぶりを見せたりしています。彼女の様子が気になり、しばらく目が離せなくなりました。

　授業開始のチャイムが鳴ったと同時に、大柄な男性が豪快な足取りで教室内に入ってきました。先ほどの女性の先生とハグをして、颯爽とこちらに向きなおりました。

　"Hello, everyone!"

　大音量の挨拶が響きわたりました。その日の最初の授業を担当する教授の先生でした。挨拶もそこそこに授業がはじまりました。女性の先生は着席し、ラップトップに戻ってなにやら操作をはじめました。

　その瞬間、教室前方のスクリーンにぱっと映像が映し出されました。そこに映っていたのは、人、人、人——。年齢も性別も人種も異なる人々の顔がスクリーンいっぱいに躍動しました。笑いかける人、手を振る人、こちらに話しかけるようなそぶりの人も……。**それはオンラインで参加する世界中のクラスメイトたちとの出会いの瞬間でした。**

2.2.3　世界とつながる教室

　背後に気配を感じたのか、教授がスクリーンの方を振り返りました。そしてオンラインの受講生たちに向かって "Hi there!" と軽快な挨拶を送りました。すかさず、女性の先生が教室後方のカメラを手で指しました。

　「マイケル、あちらです」

　あぁ、とつぶやきながら、教授が今度はカメラの方に向かって手を振りました。その瞬間、さらなる衝撃を受けました。前方スクリーンのチャット欄が、あふれんばかりの文字で埋めつくされていったのです。

　"Hello from Brazil!"

　"Greetings from Jamaica!"

"Hello from Mexico!"

世界中からの挨拶の言葉がチャット欄を埋めつくしていきました。

——これがオンライン授業というものか……！！

はじめて目にする光景に圧倒されてしまいました。1枚のスクリーンを通して、この教室が今まさに世界とつながっていることを実感しました。

2.2.4　オンラインとリアルの懸け橋

授業はさっそく本題に入っていきました。授業が進行していくにつれ、ある興味深いことに気づきました。先ほどから気になっていた女性の先生が、どうやら授業のなかでとても重要な役割を果たしているらしいということです。一言でいうと、彼女はオンラインと現地をつなぐ懸け橋のような役割を担っていたのです。

彼女は授業のなかでおもに2つの役割を果たしていました。まずはオンライン受講生たちのサポート。オンライン受講生の発言に一つひとつコメントを返し、質問等に対応していきます。もうひとつはオンラインと現地の教室をつなぐ懸け橋のような役割。チャットボックス内のやりとりを細かく観察し、教室全体にシェアしてくれるのです。また教室内で起こっていることをオンライン受講生に対して細かくフォローしたりもしています。彼女の働きかけにより、**スクリーンを超えて両者の間に一体感が生まれていくことを感じました。**

実は彼らのチャットの内容は教室前方のスクリーンに常に映し出されていたため、教室側の私たちにもその内容は常に視界には入っていました。しかし先生のフォローによってオンラインの皆も一緒に授業を受けているということが常にリマインドされ、クラスの一体感が増していきました。またディスカッション中などは会話に集中するあまり、スクリーンから目を離しがちになります。そんなタイミングで先生がオンライン側のコメントをシェアしてくれることで、膠着していた議論が活気づいたりすることもありました。

「オンラインではこんな意見が挙がっています。サンドラが言うには……」

「リー・ジャオから面白い意見が挙がっています。○○××……」

　こうした絶妙なアシストにより、授業が加速していきました。

　この形式に慣れてくるにつれ、次第に面白い展開が起こっていきました。**教室の私たちとオンラインの彼らが、先生を介さず直接言葉を交わすようになっていったのです。**チャットボックスのコメントに教室内の誰かが真っ先に反応したり、それを受けてオンラインの誰かがさらなるコメントを投稿したり。次第に「いかに先生より早くコメントを拾えるか」というゲームのような雰囲気に発展していったりもしました。

　——これが21世紀の授業の当たり前になるのかなぁ。

　世界とつながる教室に身を置きながら、そんなことを考えていました（図2.2）。

図2.2　オリエンテーションが行われた教室

2.2.5　オックスフォードからオンライン参加

　オリエンテーションの前半はあっという間に過ぎていきました。週末、出張のためにロンドンからオックスフォードへと出発する時がやってきました。次週からは私もオンライン受講生の仲間入りです。名残惜しさとともに荷物をまとめ、特急に乗り一路オックスフォードへ旅立ちました。

　ひとたびオックスフォードに到着すると、一気に仕事モードの日々がはじまりました。朝から晩までビジネスとつき合いの予定がぎっしり詰まっています。毎晩自室に戻ると午後10時を過ぎていました。そこから疲れた体に活を入れ、パソコンを開きます。

　別に急いでパソコンを開かなくとも、授業はすべて録画されているので

あとからいくらでも追いつくことができます。なんなら日本に戻ってから
ゆっくり視聴することもできるのですが、その日の授業の内容が気になり、
毎晩仕事のあとにパソコンを開いていました。なによりあの濃密な1週間を
過ごしたクラスメイトたちに一目会いたいという気持ちで連夜コースウェ
ア（学習用ウェブサイト）に向かいました（図2.3）。

図2.3　コースウェア(Virtual Learning Environment)の画像（※ University College London
(UCL)より許可を得てコースウェアのサンプル画像を掲載。UCLの許可なしに本画像を
複製・転載することは禁じられています）

　オンラインで参加する体験もまた新鮮なものでした。オンラインと対面
を両方体験できたからこそその気づきもありました。**日中に働いていても、
その日のうちに授業に追いつける素晴らしさ。体力的に厳しい面はあって
も、クラスメイトとの交流がある種のリフレッシュにもなるということ。**
特にたった1週間でクラスメイトたちとこれほどの絆を築くことができた
のは驚くべきことでした。入学から間もない段階で対面とオンラインの両
方を経験できたことは、その後の学生生活の糧となるような体験でした。
　こうして私のオンライン留学生活はあざやかに幕を開けました。

2.3　オンライン留学の日常 —普段の学習、仕事や家庭との両立

　イギリスでのオリエンテーションと出張を終え、日本へ帰国しました。オンラインで日本から授業を受ける日々がいよいよはじまります。ここからは、オンライン留学の日常の様子について振り返っていきます。

2.3.1　オンライン留学のカリキュラム構成 —UCL (MA Education) の場合

　まずは私が受講したコースの全体像について簡単に触れておきます。UCLの教育学修士課程は次のようなカリキュラム構成になっていました。

【カリキュラム構成】
・オリエンテーション（2週間）※単位にならないが参加必須
・必修科目（2科目、合計60単位）
・選択科目（2科目、合計60単位）
・修士論文（60単位）

　授業は1週間ごとに進んでいきます。毎週月曜日にタスクが公開され、グループおよび個人で取り組んでいきます。典型的な1週間の流れは次のとおりでした。

　1．イントロダクション（レクチャーおよび課題図書の公開、週のタスク発表）—月曜日
　　　↓
　2．個人ワーク（各自の意見構築、掲示板への投稿）—月〜水曜日
　　　↓
　3．グループワーク（ディスカッション、グループ課題等）—木〜金曜日
　　　↓
　4．先生からのフィードバック—翌月曜日

　　　↓

5.　課題修正＆再提出　―翌水曜日まで

　まずは課題図書やレクチャーから事前知識をインプットします。そのあと個人で考えを整理し、グループワークに入ります。

(1) グループワーク

　グループワークは固定のメンバーで毎週取り組んでいきます。ディスカッションやグループ発表などさまざまな課題に取り組みます。

　グループワークを通してメンバー同士の交流は深まります。特にUCLでは居住地が近い人同士でグループを組んでくれるなどの配慮がありました。ある授業ではイギリス人男性2名と3人組になったのですが、それぞれ東京と韓国の釜山に住んでいる方々だったので時差がまったくありませんでした。生活時間帯も近かったこともあり、ログインするとだいたいすでに掲示板上で会話がはじまっていました。

　居住地が近いことで**文化的な背景を共有しやすいこともメリット**でした。たとえば東アジア地域ならではの上下関係や人とのつき合い方など、その土地に暮らしてみないとわからないこともあります。日本や韓国に暮らす彼らとは説明抜きでわかり合えるところがあり、深い議論に発展しやすい面がありました。特に東京在住のイギリス人のクラスメイトは日本の大学等で教授経験を持つ人で、勉強になることが多々ありました。

　一方、オンラインでも意見のぶつかり合いを経験することもありました。**特に時間や締め切りに対する感覚の違いには苦労しました。**たとえばある週の課題に取り組んでいたときのこと。水曜までに各自が意見を投稿し、その後グループで議論するようにとの指示が出ていました。私は火曜の深夜にギリギリのタイミングで意見を投稿しました。しかし翌日の夜になっても他の2人からの意見が上がってきません。木曜になってようやく東京在住のクラスメイトから投稿が上がってきました。それを彼の意見と捉え、ディスカッションを進めようとしたときのこと。

　「いや、これは『意見』じゃない。最初に思ったことをランダムに述べた

だけ」

という反論が返ってきました。

　「でも締め切りは水曜日でしたよね。今の時点で上がっているのがこの投稿だけだから『意見』と捉えました」

　こんな言い合いはしょっちゅうのことでした。当時はいろいろ思うこともありましたが、今振り返ればオンラインでもこれだけ血の通ったやりとりができたことはとても貴重なことだったと思います。

　その他教育に関することはもちろん、日々の他愛もないことから時に哲学的なことまで、毎日ああだこうだと議論しました。毎日職場で顔を合わせる同僚とすらここまで深い話はできていなかったかもしれません（図2.4）。

図2.4　自宅でクラスメイトと交流する様子（イメージ）

(2) ピアラーニング —互いから学び合う

　クラスメイト同士で学び合う機会はグループワークだけにとどまりませんでした。UCLではクラスメイト全員の発言や提出物等がすべてコースウェア上に公開されていたので、互いの学習成果から学べることもたくさんありました。このようにクラスメイト同士が互いから学び合う学習方法を「ピアラーニング」（仲間同士で学び合う学習）と言います。

　それぞれの意見には文化的な背景も影響していたりして、異文化について学ぶ機会にもなりました。また自分の提出物が全員に公開されるという前提がよい緊張感にもつながりました。「下手なものは出せない」と思うと取り組む姿勢も変わります。自分自身で甘さを自覚していたところはたいてい誰かから突っ込みが入ります。悔しい思いをすることもありました

が、それらもすべて貴重な経験でした。

2.3.2　テキストについて

　オンライン授業でもさまざまな教材を使用します。おもに学術書や論文、大学院向けテキストなどが課題図書に指定されていました。講義も毎週動画で視聴します。課題図書はほとんど電子図書館から無料で入手できるようになっていたので、公開されたらすかさずダウンロードし、空き時間に読み進めていました。

　電子図書館のメリットは膨大な蔵書に24時間いつでもアクセスできることです。UCLでは膨大な数のジャーナルやデータベースを購読しており、学生はそれらを無制限で利用することができました。だから普段は電子図書館を限界まで使い倒し、さらに必要な資料があったときだけ日本の図書館をあたったり自費で買い足したりしていました（図2.5）。

図2.5　当時使用していた教科書

2.3.3　試験と成績評価

　オンラインコースでも成績はシビアに評価されます。UCLでは対面とまったく同じ評価尺度が採用されていました。出席率や課題の提出状況、学習成果などをもとに総合的に評価されました。オンライン授業の「出席」と言ってもなかなかイメージしづらいかもしれませんが、UCLでは課題の提出状況やディスカッションの貢献度等から判断されていました。

　一定の出席率をクリアすると最終課題に取り組むことができます。最終

課題はおもにテスト（論述試験）とエッセイでした。

(1)テスト（論述試験）

　テストは特定のテーマに基づいて自分の意見を述べる論述試験が中心でした。テストは指定の会場に行って受けることになっていました。私が在籍していた当時は都内のブリティッシュ・カウンシルのオフィスが会場としてよく指定されていました。

　このテスト会場にもいろいろな思い出があります。試験当日、会場にはイギリスの大学で学んでいる人々が全国から集まってきました。インペリアル・カレッジの人もいれば、ロンドン・スクール・オブ・エコノミクス(LSE)の人もいましたし、専攻分野も経営学から理科系までさまざま。日本人だけでなく外国出身の方もいました。北は北海道から南は関西まで、住んでいる地域もバラバラです。そんな人たちと毎回机を並べて試験を受けました。そして試験後はしばし会話に花を咲かせました。なんと言っても**「イギリスの大学にオンラインで通っている」という共通点を持つ者同士です。**初対面とはいえ親しみが湧いてきます。

　グループワークで一緒だった東京在住のイギリス人クラスメイトとも、このテストセンターで初対面を果たしました。授業を通して毎日いろんな話をしていたからか、はじめて会った気がしなかったことを覚えています。当時、オンライン学習自体がまだそこまで日本に浸透していなかったなかで、海外の大学にリモートで通う人々がこれだけいるという事実に驚きを隠せませんでした。心強く思うと同時に、感慨深い気持ちになったものです。

(2)エッセイ

　エッセイの課題もよく出ました。自分自身でテーマを選び、論文の形式に則って執筆します。教員側からテーマを指定されることはありません。**自分自身が本当に探求したいテーマを選び、主体的に論じていきます。**

　ちなみにエッセイは学生ひとりで黙々と取り組むのではなく、先生との間で何度かドラフトを往復させながら内容を磨き上げていきました。このように先生と対話を重ねながらインタラクティブに取り組んでいく学習（あ

るいは評価）方法を「形成評価」と言います[2]。適当に済ませられない分
シビアではありますが、それだけ成長にもつながります。

2.3.4　修士論文について

　すべての授業を取り終わると、いよいよ最終関門である修士論文に取り
かかります。UCL の教育学修士課程では**「オリジナルの研究に基づき2万
ワードの論文を書く」**という指定でした。最初は2万ワードという分量に
圧倒され、不安しかありませんでした。しかし取り組んでいくうちに書く
ことはたくさん出てきました。

(1) 修士論文のステップ
　修士論文は決められた手順に沿って進めていきます。具体的には次のよ
うなステップがありました。

　　・研究計画書（プロポーザル）の提出
　　・研究倫理書の提出
　　・先行研究のレビュー
　　・オリジナル研究の実行
　　・研究結果に基づき論文を執筆
　　・製本および提出

　まずは自分が研究したいテーマを決めるところからはじまります。テー
マが決まったら、それを追求するための手順を具体的に検討していきます。
調査対象者は何人くらい必要か？ どんな調査方法が適切か？ 分析方法は
どうする？ どんな文献が必要？ これらをすべて検討し、研究計画書に落
とし込んでいきます。
　同時に研究倫理書と呼ばれる書類も作成していきます。研究不正や倫理
違反などが起こらないよう、大学側に事前に研究計画をチェックしてもら
うものです。
　研究計画書と倫理書の両方に承認が得られたら、ようやく研究に入って

いきます。研究に入る以前ですでに労力と時間を使いますが、すべてをひとりで進めていくわけではありません。指導教官と細かく相談を重ねながらひとつずつ進めていきます。指導教官は研究期間を通してサポートしてくださる心強い存在です。

(2) 指導の受け方

　UCLでは学生1名に対して先生が1名つき、研究計画書から実際の論文までドラフトを何度も往復させながら細かく指導を受けていきました。毎回先生からドラフトが返ってくるたびにコメントがぎっしりついてきます。はじめてドラフトが返ってきたときのことを今でも覚えています。ファイルを開いた瞬間、目も当てられないほどの赤字の数々。そして冒頭に記入された長文のコメント……。胃がキリキリと痛んだことを覚えています。しかし勇気を出して一つひとつ読んでいくと、**それは厳しくも愛にあふれたコメントの数々でした。**先生が本当にこの論文をよくしようと思ってくださっていることが伝わり、ありがたい気持ちになったことを覚えています。いずれも付け焼き刃では対応できないような指摘ばかりで、学業以前に人として鍛え直されているような心地がしました（図2.6）。

　ちなみにこれらの指導を飛ばしてひとりで勝手に論文を書いて提出することはできません。個別指導をきちんと踏まえることで、修士論文を提出する権利が得られます。よって論文を代筆してもらうなどの不正はまずできないようになっています。

図2.6　オンラインで研究指導を受ける様子（イメージ）

(3)2年間の学習のクライマックス

　修士論文がいよいよ最終段階に近づいてきた頃、パリの小さなアパートで論文の仕上げに取りかかっていました。さらなる進学のため、フランスのパリに引っ越してきたのでした。クーラーのない自室で額に汗をかき、ひたすらキーボードをたたく日々。そして迎えたその瞬間。

　「終わった……」

　きっかり2万ワード、頁数にして164ページ。1年と2ヶ月の時を経て、私の修士論文がついにできあがりました。それは2年間にわたる学習の集大成でした。汗と涙が詰まったWordファイルに表示された「20,000 words」という文字を見て、感慨に浸る余裕もなくベッドに倒れ込みました。

(4)製本、そして提出

　論文が完成したら、先生から最終確認をもらいます。そこで承認が得られたら晴れて提出です。UCLでは論文を2つの方法で提出することになっていました。ひとつはデジタル版(PDF)。オンラインのコースウェアから提出します。もうひとつは印刷版。大学指定の様式で製本し、国際郵便で提出します。

　デジタル版の提出はいたって簡単です。論文提出ボックスからクリックひとつで提出できます。一方、この瞬間にはある種の緊張感も伴います。**実は提出ボックスには盗用・剽窃発見ソフトが搭載されていて、論文に不正がないかを瞬時にチェックしているのです。**「引用符の抜け漏れとか大丈夫だったかな……」と改めて内容を見返したい気持ちにもなります。結果、審査は無事パス。晴れてデジタル版は提出となりました。

　印刷版は日本国内で製本してもよかったのですが、規定がかなり細かったので、大学指定の特約店から1社を選んでオンラインで注文しました。

　修士論文はとても厳しい道のりでしたが、**最も大きな成長を感じられたプロセスでもありました。私の大学院生活におけるハイライトです。**

2.3.5　学習時間について

　ここまでお読みになって「大変そう……」と思われてしまったかもしれ

ません。しかしこれには私の個人的事情が大きく関係していることを申し添えておきます。

　私は他のライフプランとの兼ね合いもあり、最短の2年間で学習を終えられるよう計画を立てていました。ただ実際にはそこまで無茶なスケジュールを立てる人はあまりいませんでした。特にオンラインコースの場合、多くの人は修士論文だけでも2〜3年かけてじっくり取り組んでいきます。その場合、毎日の生活にももう少し余裕が出るはずです。

　ご参考までに、私が通っていたUCLでは、1科目あたりの学習時間として300時間程度が推奨されていました（※教育学修士課程の場合）。1日あたりに換算すると2時間半程度です。社会人にとっては多く感じられるのではないでしょうか。仕事や子育てを抱えていると、1日あたり2時間半を捻出するのは至難の業です。

　ただ申し添えておくと、毎日必ず2時間半確保しなければならないわけではありません。お話ししてきたとおり、オンラインコースではかなり時間の融通が利くので、1週間から2週間単位で帳尻を合わせられればなんとかなります。私も平日はまとまった時間がなかなか取れず、土日のどちらかを学習日にしてキャッチアップしていました。社会人学生の多くはこうした工夫をしながら乗り切っているようです。土曜日は学習、日曜日は家族の時間などルールを決めておくとバランスが取りやすくなります。

　また**1日あたり2時間半というのはあくまで学期期間中に必要な学習時間**です。海外の大学院では長期休暇も多いので、年がら年中このようなスケジュールで学習を進めていくわけではありません。たとえばUCLでは1年を4学期に分けるクオーター制がとられていました。1学期は11週間で、そのあと最終課題に取り組むための期間が1ヶ月ほどあります。これらをトータルすると約4ヶ月弱になります。この4ヶ月間だけ学習に集中できればいいということです。仮に年間あたり2科目履修する場合、合計学習期間は8ヶ月ほどになります。この8ヶ月間学習に集中できれば、残りは基本的に仕事や家庭を優先する生活に戻れます。

　ちなみに学期の合間には約2週間の休みがあり、旅行に出かけるなどプライベートともバランスを取っている方もいました。ただし修士論文の期間はかなり多忙になるので、この限りではありません。人によっては2〜3

年ほどかかる場合もあるので、社会人にとっては修士論文をどこに持って
くるかが重要なポイントかもしれません。

2.3.6　仕事との両立について

　ところで社会人が大学院進学を考えるうえで最も気になるところは、ズ
バリ仕事との両立ではないでしょうか。私自身、入学するまではそこが不
安の種でした。しかし結論から言うと、私の場合はものすごく仕事に差し
支えたという感覚はありません。というより、仕事に支障を来さないよう
気をつけていたという方が正しいかもしれません。

　私はもともと仕事に生かす目的で大学院に進んだので、**優先順位は常に
仕事＞学業**と決めていました。仕事のために始めたことなのに、仕事の方
に差し支えてしまっては本末転倒ですよね。もちろん時には仕事と学習の
山場が重なり、混沌とした状況を迎えたこともあります。しかし「ピンチ
のときは仕事優先」というルールを決めていたこともあり、パニックにな
ることはありませんでした。日中は全力で仕事に取り組み、大学院の課題
の方は残りの時間でできるところまでやる。もちろん大学院の課題にも精
一杯取り組みますが、**いい意味で「できるところまで」と割り切れるかど
うかがひとつのポイント**だったように思います。

　また家事の時短や自宅の環境整備など、生活面もかなり工夫してきまし
た。そうした工夫については私のブログ(note:【https://note.com/shior
i_kishi/】)で詳しく触れていますので、併せて参考にしてみてください。

2.4　オンライン留学後の人生とキャリア

　これからオンライン留学に臨もうとする方にとっては、オンライン留学
の「その後」の部分も気になるところではないでしょうか。大学院に進ん
でよかったことは？　逆にデメリットは？　大学院の学びをその後どんなふ
うに生かしているの？　卒業後の道のりはもちろん十人十色ですが、オンラ
イン留学に関しては社会にロールモデルが少なく、なかなかイメージしづ

らい現状があります。そこでここからは私自身の「その後」についてシェアしたいと思います。社会人として、親として、あるいは個人として。大学院での学びを生かせる場面はたくさんあります。

2.4.1　キャリア面への変化 ―仕事への生かし方

私は大学院を卒業後、会社員をしながら研究や文筆活動に携わってきました。いずれの立場でも、大学院で学んだことが役に立っています。

会社員としては、大学院での専攻が仕事に直結していたこともあり、**学んだことをすぐに生かせる場面が多々ありました**。教育の世界では日々さまざまな実践が積み重ねられており、そうした実践が現場で話題になることがよくあります。入社当時はそうした会話についていくことすら難しかったのですが、大学院の学びを通して次第に自分から情報提供できる立場へと成長していきました。

そうしたなかで社内での立ち位置も徐々に変わっていきました。重要なコンペにプレゼンターとして参画したり、リサーチの知識を生かして社内調査の取りまとめを担ったり。学んでいるそばから成果を還元できることは大きな喜びでしたし、それ以上に**チャンスを臆せず引き受けられるようになったことが私にとっては大きな変化でした**。

さらに社外でも研究や文筆業に挑戦したりなど、可能性がどんどん広がっていきました。大学院への進学をきっかけに今の生き方につながる一歩を踏み出せたことは幸運なことだったと思います。

2.4.2　親として ―家庭生活への生かし方

私自身は教育学を専攻したこともあり、家庭生活や子育てに生かせる場面も多々あります。これからの子どもたちは、対面とオンラインを織り交ぜながら学んでいくことになります。そう考えると、**オンライン授業を通して今の教育のあり方に触れることは親にとっても意義深いことです**。

親が最新の技術に触れることで子育てにもよい影響が出るということは研究でも明らかになっています。ハーバード大学の研究によれば、アメリカ国内の「イノベーター」（ここでは特許取得者）の多くは、幼少期からイ

ノベーションに触れる機会が多い環境で育ってきたそうです[3]。たとえばシリコンバレーのようにイノベーションが盛んな都市で育ったり、身内に特許取得者がいる環境で育ったりした子どもたちは、将来的に自身もイノベーターになる可能性が高いことが示唆されています。

　イノベーションと言っても最先端の技術等である必要はありません。多様な人々と触れ合うことも一種のイノベーションです。親自身がそうした環境に親しむことで、子どもの成長にもよい環境を整えることができます。近年「ロスト・アインシュタイン（失われたアインシュタイン）」と言って、格差や制約により才能を生かせず大人になってしまう子どもたちの存在が懸念されています[3]。そうしたリスクを抱える子どもたちも、環境さえ整えば才能を開花できる可能性が高まります。子どもたちをロスト・アインシュタインにしないためにも、まずは私たちがイノベーションに親しんでいたいものだと思います。

　親が学び続ける姿を見せられることが、子どもにとってはなにより素晴らしい教育です。学び続ける力こそ、親が子どもに残せる最大のギフトかもしれません。親自身が楽しみながら学ぶ姿を見せ続けることができれば、子どもたちはその背中から大切なことを受け継いでいってくれるはずです。

2.4.3　自分自身とのパートナーシップ

　このようにオンライン留学は私の人生にさまざまな変化をもたらしましたが、最大の収穫はもう少し内面的なところにあったと思っています。それは人生を生きていくうえでの基盤となる自分自身との信頼関係（パートナーシップ）です。**自分をより深く理解し、自分自身とよりよい関係を築けるようになったことこそ、私自身が大学院生活から得た最大の収穫**です。

　働きながら学習に向かう日々は試練の連続でした。自分の能力を疑ったことや、最後まで走り抜けられないかもしれないと思ったこともあります。そんな局面を幾度も乗り越えてたどり着いたのは、より深い自己理解と、自分自身に対する信頼でした。

　大学院とは自分自身の関心を深めるところです。決まった流れで授業を受けていけばいいわけではありません。履修する授業から修士論文のテー

マまですべては自分次第です。自分が本当に探求したいことは何なのか。自分にとって数年間をかけてまでやる価値があることなのか──。自分自身と対話をしながら一つひとつ決めていきます。一つひとつの決断が、自分自身の声に耳を傾けるチャンスだったと今では思います。

＊＊＊＊＊＊＊＊＊＊

　本章では私自身のオンライン留学経験を振り返りながらオンライン留学の実像に迫ってきました。次章からは、これからオンライン留学に挑戦する皆様のためのさまざまなコンテンツをご用意しています。情報収集から大学選び、出願、そして入学準備まで。オンライン留学への道のりをひもときながら、入学までのステップをともに歩んでいきましょう。

参考文献

[1]　Harte, N., North, J., & Brewis, G. (2018).*The World of UCL*.UCL Press.

[2]　Barril, L. (2018). Assessment for culturally inclusive collaborative inquiry-based learning. In M.G. Moore & W.C. Diehl (Eds.),*Handbook of Distance Education*(4th ed.,pp. 311-320). Routledge.

[3]　Bell, A., Chetty, R., Jaravel, X., Petkova, N., & Van Reenen, J. (2019). Who becomes an inventor in America? The importance of exposure to innovation.*The Quarterly Journal of Economics*, 134(2), 647-713.

第3章

オンライン留学の
準備をはじめよう

3.1　あなただけのオンライン留学を思い描こう

　さあ、ここからはオンライン留学への道のりをともに一歩ずつ歩んでいきましょう。

　オンライン留学の実現までにはいくつかのステップがあります。情報収集から大学選び、出願、そして入学準備まで。仕事や家庭を持つ方は、職場や家族との調整も必要となるでしょう。本章ではステップごとに必要なアクションを整理し、ひとつずつ実行に移していきます。本書もしっかりと伴走しますので、安心してください。

3.1.1　自分自身の目標を明確にする

　ところで、本書では**あなた自身にとって最適なコースを見つけてほしい**と願っています。あなた自身に最適というのは、大学ランキングで上位であるとか、世界的な名声を誇る大学ということではありません。あなた自身の目標を達成し、よりよい人生を生きるために最適な選択肢を見つけてほしいということです。

　大人が学ぶうえで最大のエンジンとなるのは、自身の内側から来る思いです[1]。自分自身で選んだことでなければ、先々つらい思いをすることにもなりかねません。それに社会人が時間とお金をかけて挑むのですから、本当にやりたいことに費やしたいですよね。だからこそあなた自身の声に耳を傾けてほしいと思っています。

　またこれは合否に関わってくる問題でもあります。大学院の合否選考も市場の原理と同じで、需要と供給がマッチしなければ取引は成立しません。志願者が学びたいこととコースの内容が合致しなければ、どれだけ優秀な志願者であっても大学側としては断らざるを得ません。お互いに時間を無駄にしないためにも、**まずは自分自身の動機をしっかりとクリアにしたうえでスタートを切りたい**ものです。

　そこでまずは、あなた自身の目的を明確にするところからはじめていきましょう。自分が本当に学びたいことは何なのか？　なぜそれを学びたいのか？　その動機はどこから来ているのか？　他者ではなく自分自身の軸から

来ているか？ これらの問いに向き合いながら、自分自身のニーズを整理していきましょう。

　ここでは3種類のワークシートをご用意してみました。順番に取りかかることで、あなた自身の思いを掘り下げ、目標への道筋を明らかにし、具体的な学習計画に落とし込めるよう設計しています。すでにあなた自身の目標が明確なら、本セクションを飛ばして「3.2 いざ行動に移そう」に進んでもかまいません。でも少しでも迷いがある方は、このステップにじっくりと取り組んでくださいね。

　それではワークシートの使い方を説明します。

3.1.2　ワークシート① 5年後のなりたい自分を想像してみよう

　まずは自分自身の思いを掘り下げるところからはじめてみましょう。

　将来どこでどんな人生を歩んでいたいですか？ どんな価値を提供する人になりたいですか？ どんな人々に囲まれ、どのような気持ちで働いていたいですか？ 一つひとつ言語化してみましょう。

　イメージするのは5年後くらいの姿が望ましいでしょう。スタンフォード大学で人生デザインの講座を担当するビル・バーネット教授も、将来について思い描くには5年後くらいが望ましいと言っています[2]。5年後というのは少し大きな冒険を思い描くのにちょうどよい未来です。

　ちなみに余力があればおすすめしたいのが、理想像を3パターン作ってみることです。複数のアイデアから出発した方がよりよい結果につながりやすいということは、さまざまな研究でも実証されています[2]。

　それでは実際にワークシートを使って自分のニーズを整理してみましょう（記入例は図3.1で紹介しています）。

ワークシート①　5年後のなりたい自分を想像してみよう

Plan A：　学習用アプリの企画者

五年後の自分は……

● どこに住んでいる？

東京

● どんな仕事をしている？

現在の会社に勤めながら編集職としてキャリア
を積んでいる。紙媒体からデジタルにシフトし、
学習用アプリをメインに企画開発している。

● どんな人たちと働いている？

エディター、著者、デザイナー、エンジニア等

● なぜその仕事を選んだ？

デジタル教材には教育を変えるポテンシャルが
あるから。子どもたちに本当に必要とされる学習
用アプリを作りたい。

● 仕事以外に実現したいことは？

- 家庭
 ・夫と協力しながら仕事と家庭のバランスを
 　取っている
 ・子どもは2人

- 趣味・社会活動その他
 ・教育関連のライターとして副業をしている
 ・教育関連のボランティアをしている
 ・趣味のピアノを続けている

●どんな気持ちで毎日を過ごしている？

目標に向かって毎日充実した気持ちで過ごして
いる。尊敬する同僚たちから日々刺激を受けな
がら働いている。家庭では穏やかな気持ちで
過ごしている。

図3.1　ワークシート① 5年後のなりたい自分を想像してみよう

1.　ワークシートを3部印刷する。
2.　自分が思い描く5年後の理想の姿を3パターン作成する。
　（3つも思い浮かばないという方は、次のA〜Cのお題に沿って考えてみてください）
　　　　プランA：最初に心に思い浮かんだ将来像
　　　　プランB：プランAが実現できなかった場合の将来像
　　　　プランC：お金などの制約が一切なければ実現してみたい将来像
3.　3パターンのなかから、自分が最も実現してみたい将来像を選ぶ。

　どんな理想像が手元に残りましたか？ 絞りきれなければ3パターンを融合してみるのもいいでしょう。3パターンも作れないという人は、ひとつでもいいから挑戦してみてください。それだけでも発見があるはずです。

3.1.3　ワークシート② 理想の自分への道筋を整理しよう

　ここからはワークシート②「理想の自分への道筋を整理しよう」を使って道筋を整理していきましょう。
　ワークシートの使い方はいたってシンプルです。理想の自分はどんな知識や能力を持っている？ 今の自分に足りないものは？ 逆にすでに持っているものは？ 足りない部分を補うにはどんな学習や経験を積めばいい？ などの質問にひとつずつ答えながら考えを整理していきましょう。図3.2の記入例も参考にしてください。

ワークシート②　理想の自分への道筋を整理しよう

１．5年後の理想の自分はどんな知識やスキルを持っている？
（ワークシート①で明らかにした人物像をもとに想像してみましょう）

  ・教育分野の専門知識
  ・最新の教授法に関する知識（とくに初等～中等教育）
  ・編集およびプロジェクトマネジメントの知識
  ・初歩的なプログラミングの知識

２．その中で自分がすでに持っている知識やスキルは？

  ・編集およびプロジェクトマネジメントの知識
  ・初歩的なプログラミングの知識

３．逆に今の自分に足りない知識やスキルは？

  ・教育分野の専門知識
  ・最新の教授法に関する知識（とくに初等～中等教育）

４．足りない知識やスキルを補うには、どんなことを学べばいい？
どんな学習方法がある？

  ・教育学全体を俯瞰する
  　→　大学（院）で教育学を学ぶ、本を読む
  ・最新の教授法について学ぶ
  　→　インストラクショナルデザインの講座を受講する

５．足りない知識やスキルを補うために、どんな経験や行動を積めばいい？
（例：ボランティア、社会活動、日常生活の中の行動、職務経験 等）

  ・教育現場でボランティアをする
  ・教員の友人に話を聞く
  ・義務教育に関するトレンドや最新情報に常にキャッチアップする

６．それらの学習や経験を得るためにはどうすればいい？
（大学や専門学校、カジュアルな学びの場なども含め、インターネット
などを活用して探してみましょう）

  ・教育系の大学院（UCL、University of Leicester、University of Bath等）に進む
  ・教育現場でのボランティアに応募する
  ・○○先生のインストラクショナルデザイン勉強会に参加する
  ・△△さんに連絡を取って教員生活についてインタビューをしてみる
  ・文科省の義務教育メールマガジンに登録して最新の情報を受け取る

図3.2　ワークシート② 理想の自分への道筋を整理しよう

3.1.4 ワークシート③ 自分の学習ニーズを整理しよう

　理想の未来への道のりが少しずつ整理できてきましたか？ ここまできたら、ワークシート③「自分の学習ニーズを整理しよう」を使って具体的な学習計画へと落とし込んでいきましょう。ここで整理した内容は、後々情報収集や大学選びをするうえでの土台となります。このワークシートの使い方もシンプルです。質問に順に答えながらあなた自身のニーズを整理していきましょう（記入例：図3.3）。

　今後さまざまな情報に触れるなかでニーズが変わっていくこともあるでしょう。それは悪いことではありません。前向きな変化と捉え、何度でもこのステップに立ち返ってください。**人生の状況は変わり続けるものです。それはあなた自身が成長している証でもあります。**

　あなただけのオリジナルの学習計画ができたら、次は出願プロセス全体を理解していきます。

ワークシート③ 自分の学習ニーズを整理しよう（1ページ目）

● **どんなことを学びたい？**

1．希望専門分野
（例：MBA、教育学、法律等）

教育学

2．専門分野の中でも特に興味があること：

初等教育、デジタル教育

3．学位取得を目指す？

☑ **目指す**	☐ **目指さない**
☐ 学士課程　　☑ 修士課程 ☐ 博士課程　　☐ その他	☐ コース修了証　　☐ 国家or民間資格 ☐ 免許　　☐ 証明等を一切必要としない 　　　　　（学びたいことだけ学ぶ）

4．どんな方法で学びたい？
☑ オンライン（動画やディスカッションを含むインタラクティブ方式）
☐ 通信教育（印刷物、テレビやラジオ等を用いた従来型の通信教育）
☐ 通学（オンキャンパスでの対面授業）
☐ その他

5．どの言語で学びたい？
☐ 日本語　☑ 英語　☐ その他

6．特定の国の大学を希望する？
（例：日本、アメリカ、イギリス、その他）

希望しない（幅広く探したい）

7．学習にかけられる期間

2024 年 9 月 ～ 2027 年 9 月頃 まで

8．学習にかけられる予算

合計	内訳	
350万 円 程度	・学費　　　（_300万_円） ・渡航　費　（_20万_円）	・滞在　費（_10万_円） ・準備　費（_20万_円）

図3.3-1　ワークシート③ 自分の学習ニーズを整理しよう（1ページ目）

ワークシート③ 自分の学習ニーズを整理しよう（2ページ目）

9．その他自分にとってゆずれない条件
（例：多様な価値観やバックグラウンドを持つクラスメイトと学びたい、
　　　場所や時間の融通が利く環境で学びたい、同窓会等のネットワークが
　　　充実した大学が良い 等）

- オンライン受講生へのサポートがしっかりしていること
- 普段の学習に使用するツールが使いやすいこと（例：コースウェア等）
- 100％オンラインで学べること
- 世界中のクラスメイトと一緒に学べること
- 非リアルタイムの授業がメインであること
- 同窓会が活発であること
- 出願プロセスができるだけシンプルであること
-

● 必要なツールやコストについて考えよう

１０．【お金】予算はどうやって捻出する？
（貯金、ボーナス、職場や周囲からの援助、奨学金、教育ローン等）

　　貯金および年2回のボーナス
　　（奨学金制度についても調べる）

１１．【人】周りからはどんなサポートが必要？

　　家事代行サービス等の利用を検討する
　　会社と調整して残業を少なめにしてもらう

１２．【時間】一日あたりどのくらいの学習時間をかけられる？

　　平日：1日1時間くらい（＋月1で有給休暇の消化も検討）
　　週末：土・日あわせて8時間程度

１３．【環境・ツール】その他、学習をするうえで必要なものは？

- ノートパソコンを新調する（軽めで起動の早いもの）
- ノートアプリ（主要なサービスを比較する）
- ヘッドフォン

図 3.3-2　ワークシート③ 自分の学習ニーズを整理しよう（2ページ目）

3.2　いざ行動に移そう

　ここからはいよいよ出願のための行動に入っていきます。まずは出願プロセス全体を理解することからはじめましょう。

3.2.1　大学院入学までのステップ

　入学までのステップは大きく次の5つに分けられます。

- ・情報を集める
- ・出願先の候補を絞る
- ・家族や職場など、周囲の人々との調整をする
- ・必要な書類を集めて出願する
- ・入学手続きをする

　具体的な流れとスケジュールをフローチャートにまとめてみました（図3.4）。

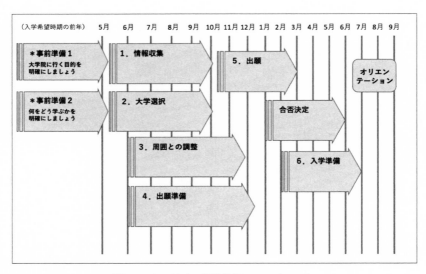

図3.4　オンライン留学準備フローチャート

3.2.2 出願準備のための To Do リスト

入学までのステップがなんとなくイメージできたでしょうか。

出願準備のための To Do リストもご用意しました（図3.5）。このスケジュールはあくまで一般的なものですが、併せて活用してみてください。

1．出願の前に考えること

☐ 大学院で学ぶ目的を明確にする 　「ワークシート① 5年後のなりたい自分を想像してみよう」（図3.1）	☐ / ☐ まで
☐ 学習についてのニーズを整理する 　「ワークシート② 理想の自分への道筋を整理しよう」（図3.2） 　「ワークシート③ 自分の学習ニーズを整理しよう」（図3.3）	☐ / ☐ まで
☐ 学習にかけられる予算と期間を決める	☐ / ☐ まで
☐ 予算の捻出方法について考える	☐ / ☐ まで

図3.5-1　オンライン留学準備 To Do リスト ― 1．出願の前に考えること

2．事前準備

☐ 大学選びの条件を挙げる（上位10位くらいまで） 　「大学選びの条件一覧」（3.4.2項）	☐ / ☐ まで
☐ 大学院に関する情報を収集する	☐ / ☐ まで
☐ 出願先候補をリストアップする	☐ / ☐ まで
☐ 各出願先の応募要件を確認する 　（応募要件を満たしていない場合、条件付き入学制度の有無等を確認する）	☐ / ☐ まで
☐ 各出願先の願書締切日および選考方法を確認する	☐ / ☐ まで
☐ 最終的な出願先候補を5〜10校程度まで絞り込む	☐ / ☐ まで
☐ 各出願先についてさらに細かい情報収集を行う（例：カタログを取り寄せる、SNSをフォローする、教授や事務局にコンタクトする等）	☐ / ☐ まで
☐ 出願先に順位を付ける 　「ワークシート④ 大学選択シート」（図3.6）	☐ / ☐ まで
☐ 学習時間の捻出や私生活（仕事・家庭）との両立について考える	☐ / ☐ まで
☐ 家族に大学院進学の希望を伝える	☐ / ☐ まで
☐ 家族（パートナー）と就学中の協力体制について相談する 　「ワークシート⑤ 家族の5カ年計画」（図3.7）	☐ / ☐ まで
☐ 奨学金やローンについて調べ、手続きをスタートする（必要の場合）	☐ / ☐ まで
☐ 出願先と接点を作る（例：バーチャルオープンデー、留学フェア等）	☐ / ☐ まで

図3.5-2　オンライン留学準備 To Do リスト ― 2．事前準備

3．出願

☐ 出願のスケジュールを立てる 　　（この「オンライン留学準備To Doリスト」を活用してもOK）	☐ / ☐ まで
☐ 各出願先から願書を取り寄せる 　　（オンラインフォームの場合は登録を済ませ、内容をざっと確認しておく）	☐ / ☐ まで
☐ 各出願先の選考スケジュールと必要書類を確認する	☐ / ☐ まで
☐ 推薦者の候補をリストアップする	☐ / ☐ まで
☐ 語学試験（TOEFL、IELTS等）の申し込みをする	☐ / ☐ まで
☐ 語学試験（TOEFL、IELTS等）の受験対策を開始する	☐ / ☐ まで
☐ 各種能力試験（GMAT、GRE等）の申し込みをする（必要の場合）	☐ / ☐ まで
☐ 能力試験（GMAT、GRE等）の受験対策を開始する	☐ / ☐ まで
☐ 前学歴の卒業証明書と成績表を取り寄せる	☐ / ☐ まで
☐ 成績表をGPAに換算する（必要の場合）	☐ / ☐ まで
☐ 卒業証明書および成績表の翻訳を手配する（必要の場合）	☐ / ☐ まで
☐ 自分の職務経歴や学歴をまとめておく	☐ / ☐ まで
☐ 志望動機書（パーソナル・ステートメント）をドラフトする	☐ / ☐ まで
☐ 志望動機書（パーソナル・ステートメント）を推敲する	☐ / ☐ まで
☐ 志望動機書（パーソナル・ステートメント）を第三者に見てもらう	☐ / ☐ まで
☐ 志望動機書（パーソナル・ステートメント）の内容を確定する	☐ / ☐ まで
☐ 上司との面談の準備を行う 　　「ワークシート⑥ 職場との面談準備シート」（図3.8）	☐ / ☐ まで
☐ 上司に大学院進学の意思を伝える	☐ / ☐ まで
☐ 推薦状の執筆を依頼する	☐ / ☐ まで
☐ 各推薦者に対し必要な情報を提供する	☐ / ☐ まで
☐ 語学試験（および各種能力試験）を受験する	☐ / ☐ まで
☐ 各推薦者に対し締め切りをリマインドする	☐ / ☐ まで
☐ 各試験の結果を受け取る	☐ / ☐ まで
☐ 推薦状を受け取る（推薦者から出願先に直送していただく場合は完了 　　確認を行う）	☐ / ☐ まで
☐ 願書の記入を開始する	☐ / ☐ まで
☐ 面接対策をスタートする（必要の場合）	☐ / ☐ まで
☐ 願書の記入を完了する	☐ / ☐ まで
☐ 願書および応募書類の内容をダブルチェックする	☐ / ☐ まで
☐ 願書および応募書類のコピーをとっておく	☐ / ☐ まで
☐ 願書および応募書類を提出する	☐ / ☐ まで
☐ 出願料を支払う	☐ / ☐ まで
☐ 応募の受理を確認する	☐ / ☐ まで
☐ 各推薦者にお礼を伝える	☐ / ☐ まで

図3.5-3　オンライン留学準備 To Do リスト ― 3．出願

4. 出願後にすること

☐ オファーを受け取ったら内容を確認する	☐ / ☐ まで
☐ 複数の大学からオファーを受け取った場合は進学先を決める 「ワークシート④ 大学選択シート」（図3.6）	☐ / ☐ まで
☐ 進学先に入学の意思を伝える	☐ / ☐ まで
☐ 進学しない大学に対し断りの連絡を入れる	☐ / ☐ まで
☐ 進学先の指示に従って入学手続きを完了する	☐ / ☐ まで
☐ 各推薦者に進学先決定の報告をする	☐ / ☐ まで
☐ 就学中の協力体制について家族やパートナーと再確認する（必要に応 じて子どものケアについても考える）	☐ / ☐ まで

図3.5-4 オンライン留学準備 To Do リスト—4. 出願後にすること

5. 入学準備

☐ 大学指定のＩＴ環境を確認し、必要に応じてアップデートする	☐ / ☐ まで
☐ 各ウェブサイトへの登録を済ませる（例：学習用コースウェア、学生 用ポータルサイト等）	☐ / ☐ まで
☐ 学生登録を行う	☐ / ☐ まで
☐ 新入生向け冊子（スチューデント・ハンドブック）を入手し、コース の全体像を理解する	☐ / ☐ まで
☐ オリエンテーションに関する情報を確認する	☐ / ☐ まで
☐ オリエンテーション参加にかかわる手配を済ませる（必要の場合）	☐ / ☐ まで
☐ 自宅の学習環境を整える	☐ / ☐ まで
☐ オリエンテーションに参加する	☐ / ☐ まで

図3.5-5 オンライン留学準備 To Do リスト — 5. 入学準備

3.3 Step 1: 情報収集 —海外大学オンラインコースの探し方

出願プロセスの全体をフローチャートで確認しました。ここからは各ステップについて詳しく見ていきましょう。

まずはなんと言っても情報収集です。 最初のうちにできるだけ多くの情報を集めることがよりよい選択につながります。ワークシートで整理した学習計画をもとに、まずはたくさんの情報に触れてみましょう。

3.3.1　大学を探すときの情報源

　大学を探すには、インターネットや紙媒体、イベントや口コミなど、さまざまな情報源があります。

(1) インターネット

　まずはインターネットが一番手っ取り早いでしょう。情報サイトや大学公式ウェブサイト、SNSやブログなどさまざまな情報源があります。

●海外の大学情報を検索できるポータルサイト

　最初の段階では、世界各国の大学を検索できるポータルサイト等を使うのが便利です。一度に世界中のさまざまな大学についての情報を集めることができます。有名なところでは次の2つがあります。

　・Studyportals (studyportals.com)
　世界中の大学から条件に合ったコースを検索できるポータルサイト。世界110カ国以上から3,000を超える大学が参画する。登録コース数は20万件以上（※2022年時点）。
　・Distance Learning Portal (distancelearningportal.com)
　世界中の大学からオンラインコースに特化して検索できるサイト。この他修士課程に特化したMasters Portal (mastersportal.com) というサイトもあります。

●国別の情報サイト

　国や地域の希望がある程度決まっている場合は、国別の情報サイトが便利です。特にアメリカとイギリスは選択肢がかなり充実しています。

　【アメリカ】
　・College Navigator (nces.ed.gov/collegenavigator)
　アメリカ国内の大学に特化した情報サイト。米国教育省の全米教育統計センター (NCES) が運営。学士～博士課程に対応しています。

・GradSchools.com (gradschools.com)

同じくアメリカ国内の大学に特化した情報サイト。おもに修士課程の
コースを紹介しています。

・Peterson's (petersons.com/online-schools.aspx)

オンラインコースに特化した情報サイト。アメリカ国内の学士〜博士
課程のオンラインコースを紹介しています。

・US News Online College Search (usnews.com/education/
online-education/online-search)

米メディア US News が運営する大学オンラインコースの検索サイト。

【イギリス】

・UCAS (ucas.com)

イギリスの大学への出願管理を担う機関 (UCAS) が運営するサイト。イ
ギリス国内の大学に関するさまざまな情報を公開しています。

・Discover Uni (discoveruni.gov.uk)

イギリス学生局による大学情報サイト。オンラインコースをはじめさ
まざまな情報を公開しています。

・Prospects (prospects.ac.uk)

イギリス国内の大学院に特化した情報サイト。大学院出願に関するお
役立ち情報や学生生活に関するアドバイスなども公開しています。

【その他英語圏】

・オーストラリア留学 (studyaustralia.gov.au/japanese)

オーストラリア政府が運営する留学情報ポータルサイト

・UniversityStudy.ca (universitystudy.ca/search-programs)

カナダ大学協会 (Universities Canada) が運営する大学情報ポータルサ
イト

英語圏以外にも各国の政府機関等が大学に関する情報を発信しています。
たとえばフランス政府留学局が運営する Campus France ではフランス国
内の大学に関するさまざまな情報が得られます。英語圏以外への進学を希
望する方はこうした情報もチェックしてみてくださいね。

●インターネット検索

　Google等の検索エンジンも便利です。「希望分野」＋「学位（MA, MBA, MSc等）」＋「online」などでキーワード検索するとさまざまな情報が出てきます。ちなみに**英語圏以外の大学について調べるときは、その国の言語で検索するとさらに多くの情報が得られます**。たとえばドイツの大学について調べたいときはドイツ語で検索するのが最適です。その際、検索エンジンの国設定をドイツに変更しておくとなおよいでしょう。

●オンライン留学経験者のブログやSNS

　オンライン留学経験者たちのブログやSNSも参考になります。とはいえオンラインで海外大学院に進む人はまだ少なく、そのなかでブログを定期的に更新している人は希少な存在です。細かい検索条件で絞り込まず、ざっくりとした条件で調べることでより多くの情報を得られるでしょう。

●大学公式ウェブサイトおよびSNS

　興味のある大学が絞られてきたら、公式ウェブサイトでより詳しい情報をチェックしてみましょう。気になる大学については公式SNSやメールマガジンをフォローして最新情報を受け取れるようにしておくことをおすすめします。

●大学同窓会のウェブサイト

　同窓会も貴重な情報源です。公式情報からはわからない生の情報が得られます。定期的に対外イベントを開催するなど活発に活動しているところもあるので、気になるところはフォローしてみましょう。

(2) イベント・フェア

　留学関連のイベントは年間を通して開催されています。コロナ禍以降はオンラインやハイブリッド方式で開催されるイベントも増えてきました。自宅にいながらたくさんの大学と出会えるチャンスが広がっています。

●**広域対象の留学フェア**

特定の国に限らずさまざまな大学と出会いたいときは、広域対象のフェアがおすすめです。たとえば日本学生支援機構 (JASSO) が開催する海外留学フェアや、駐日EU事務所が開催する欧州留学フェア等があります。もともとは現地留学希望者が対象ですが、幅広く情報を入手するにはよい機会なのでオンライン留学を目指す皆さんもチェックしてみてください。

●**特定の国や地域を対象とした留学フェア**

特定の国や地域を対象としたイベントもあります。アメリカならばアメリカ大学院留学フェアやアメリカ留学EXPOなどが有名です。イギリスだとブリティッシュ・カウンシルが定期的に英国留学フェアを開催しています。その他カナダ大使館が主催するカナダ教育セミナーシリーズや、オーストラリア政府主催のオーストラリア留学フェアなどがあります。

他にもフランス政府留学局やドイツ学術交流会 (DAAD)、中国語検定協会 (HSK) などが対象地域の留学イベントを積極的に開催しています。

●**個々の大学のオープンキャンパス**

各大学が主催するオープンキャンパスは、その大学に特化した詳しい情報が得られるよい機会です。最近はオンラインによるオープンキャンパスや「バーチャルキャンパスツアー」を公開しているところもあります。

その他、紙媒体や人づての情報も大学探しにおいては有効です。特にその大学の卒業生や現役生に話を聞くことができれば最適です。留学フェアやインターネット等で積極的に探してみましょう。将来の先輩やクラスメイトにも出会えるかもしれませんよ。

3.3.2　大学やコースの質に着目する

大学について調べる際は、個々の大学やコースの質に着目してみましょう。それにはいくつかの方法があります。

(1) 認定の有無に注目する

　大学やコースの質を見極める際に判断材料となるのが認定の有無です。**まずはその大学がきちんとした認定を受けているかどうか確認しましょう。**多くの国では政府による認可制度があります（※アメリカなど一部例外はあります）。その国の公的な認定を受けていれば一定の基準をクリアしている目安になります。

　国や地域によっては通信・オンライン教育に特化した認可システムも存在します。たとえばアメリカにはDEAC (Distance Education Accrediting Commission)というオンライン専門の認定団体があります。イギリス国内でも同様の取り組みが発足しています。国境を越えて質の保証に取り組む認定団体もあります（Quality Matters等）。

(2) 大学ランキングについて

　大学ランキングを参考にする手もあります。有名なものに**QS世界大学ランキング**や「タイムズ・ハイヤー・エデュケーション」(THE)が主催する**THE世界大学ランキング**などがあります。ただしランキングの順位（評価）は公開元や年度によって大きく変わるので参考程度に捉えるのがおすすめです。

　なお世界中のほとんどの大学は崇高な使命のもとに教育や研究活動を行っていますが、残念ながらなかには「ディプロマミル」と呼ばれる悪質な団体も存在します[3]。実質的な教育活動を行わず、金銭と引き換えに学位を発行する団体などです。無認定の大学がすべて悪質というわけではありませんが（なかにはあえて認定を取らない大学も存在します）、そうした大学を選ぶときはきちんと調べたうえで納得して決断してください。

3.4　Step 2: 大学選び ―自分にとって最適なコースを選ぼう

　情報が集まったら、出願先の候補を絞っていきましょう。あなた自身に

とって最適な大学を選ぶステップです。選ぶと言ってもこの段階で1校に絞る必要はありません。5〜10校くらいまで候補を絞り、あなただけの出願先リストを作っていきます。

3.4.1　ワークシート④ 大学選択シート

　ここではワークシート④「大学選択シート」をご用意しています。ご参考までに、次のような使い方をおすすめします（記入例：図3.6）。

・大学選びにおいて譲れない条件を10個挙げる（※3.4.2項の「大学選びの条件一覧」などを参考にしてください）。
・上で挙げた「譲れない条件」を、あなた自身の優先度に基づいて1〜10位まで並び替える。
・ワークシートの「条件」欄（各Noの隣の欄）にそれぞれの条件を書き込む。
・ワークシートの「大学名」欄（一番上の行）に志望校を書き込む。
・特記したいことがあれば、各コメント欄に書き込む。
・評価欄にそれぞれの大学の評価を入れる（数字でも記号でもOK）。
・評価を算出し、総合順位を決める。

「評価」の欄には、数値や記号（○△×）などあなた自身にとってわかりやすいものを入れてみてください。数値なら1〜5の5段階評価がわかりやすいでしょう（例：最も条件に合う場合は5、どちらでもない場合は3、まったく条件に合わない場合は1など）。足したスコアを書き込めば総合点を算出しやすくなります。

　あるいは記号（○△×）を使うと視覚的に理解しやすいメリットがあります。最も条件に合う（○）、どちらでもない（△）、まったく条件に合わない場合（×）と入れていくことで、どこに○が集中しているかがぱっと見てわかります。上の方に○が集中しているコースほどあなた自身のニーズに合っている可能性が高まります。

ワークシート④　大学選択ワークシート

大学名		A大学		B大学		C大学		D大学		E大学	
No	条件	評価	コメント	評価	コメント	評価	コメント	評価	コメント	評価	コメント
1	専門分野とのマッチング	5	初等教育理論が学べる	2	初等教育に特化したプログラムはない	5	初等教育に特化したプログラムがある	4	初等教育に特化のプログラムはないが、関連の選択科目は多い	5	初等教育に特化したプログラムがある
2	100%オンラインで学べる	5		1	入学時および卒業試験時に現地渡航の必要あり	3	オンラインのみの履修も可能だが授業の選択肢が少ない	5		1	就学中に合計3回渡航の必要あり
3	コースウェアの使いやすさ	4	Moodleを採用	3		4	Moodleを採用	4	Moodleを採用	4	Udacityのプラットフォームを採用
4	選択科目のバリエーション	5	20以上の選択科目の中から選べる	2		2	オンラインのみで履修できる科目の選択肢が少ない	5	30以上の選択科目の中から選べる	1	選択科目はない（必修授業のみ）
5	学費（奨学金の有無）	3		5	奨学金が利用可能	1	オンライン受講生が利用できる奨学金はない	1	オンライン受講生が利用できる奨学金はない	1	オンライン受講生が利用できる奨学金はない
6	大学に対する社会的評価	4	業界内の評価◎	5	業界内の評価◎、世界大学ランキング3位	3		2	知名度はないが教育内容に定評がある	4	業界内の評価◎、世界大学ランキング8位

図3.6-1　ワークシート④ 大学選択シート

No	条件	A大学 評価	A大学 コメント	B大学 評価	B大学 コメント	C大学 評価	C大学 コメント	D大学 評価	D大学 コメント	E大学 評価	E大学 コメント
7	クラスメイトの多様性	3		4		3		2	地元学生が多め	5	留学生が多く、オンライン受講生も多い
8	オンライン学生へのサポート	3		4		3			オンラインコースは昨年開講したばかりのため未知数	3	
9	同窓会ネットワーク	1	日本国内に同窓会組織はない	5	日本国内に同窓会組織あり	3	海外に大きな同窓会がある	1	日本国内に同窓会組織はない	4	非公式だが国内に大きめの同窓会組織がある
10	出願フローのシンプルさ	1	エッセイ4枚、推薦状3枚が必要	5	UCAS経由で出願可、推薦状2枚でOK	5	UCAS経由で出願可、推薦状2枚でOK	2	大学独自の願書を採用、かつ推薦状が3枚必要	1	大学独自の願書を採用、エッセイ4枚必要
備考			・問い合わせ時の対応良好 ・バーチャルキャンパスツアー開催予定（9月12日）		・REF（Research Excellence Framework）にてイギリス第2位にランクイン（2021年度）・欧州留学フェアに出展予定（10月5日）		・初等教育に特化したプログラムがあるのは魅力だが、オンライン授業に対応した科目が少ないのが難点		・初等教育に関する幅広い選択科目が揃っているのが魅力 ・もともと地元密着型の大学であり、オンライン化の歴史も浅いためオンライン学生に対するサポートの内容は未知数		・初等教育に特化して学べるのは魅力だが、選択科目がないため自由度は低い ・現地への渡航回数が多いため予算を多めに見積もる必要あり
総合順位		34	**1**	36	**2**	32	**3**	28	**4**	29	**5**

図3.6-2　ワークシート④ 大学選択シート

3.4.2　大学選びの条件一覧

　大学を選ぶときの条件を例に挙げてみました。ここにない条件があれば、ご自身でワークシートに書き込んでみてください。

A.　教育内容および方法

　専攻分野（自分自身の希望分野とのマッチング）

　カリキュラム内容およびカスタマイズ性

　選択授業の内容およびバリエーション

　学術的教育／実践的教育（アカデミックか実学重視か）

　ダブルディグリー（複数学位制度）など特色のある教育

　実習やインターンシップの有無

　卒業論文の有無

　成績評価方法（テスト、レポート、実習その他）

　授業方式（講義、ゼミ、チュートリアル等）

　受講方式（完全オンライン、オンラインと対面のブレンド型、通信教育等）

　学習用ツール（コースウェア等）の使いやすさ

　リアルタイム／非リアルタイム授業の割合

　受講言語（英語、日本語、その他）

　資格や免許の取得可否

　専門分野以外のスキルの習得可否（リーダーシップ、チームワーク、批判的思考等）

　学習サポートの充実度（アカデミックチューター、ティーチング・アシスタント等）

B.　大学および教職員

　総合大学／単科大学

　公立／私立／その他

　大学の規模

　認定の有無

　教育の質に対する評価および実績

研究の質に対する評価および実績

大学の歴史

大学のビジョン・ミッション

設立の趣旨（女子大学／男子大学、宗教、民族大学その他）

大学の所在国

大学に対する社会的評価

教授陣の質および実績

教員対学生の割合

教職員間のダイバーシティ

マイノリティ学生への理解および配慮

大学ランキングの順位

卒業率

C. クラスメイト

国および地域別の学生数

男女比率

年齢層

社会人学生比率

日本人学生数

職業的／学術的バックグラウンド

D. 学生サービス

オンライン学生に対するサポート

オンラインで利用できる設備の充実度

電子図書館の充実度

アカデミックスキルのサポート（ライティング、語学等）

ITサポート

カウンセリングサービス

キャリアサポート

障がい者向けサポート

教務・事務サポート

E．入学審査方法および難易度

学部時代の成績（GPA等）

能力試験の有無と内容（GMAT、GRE等）

語学試験の種類とスコア（TOEFL、IELTS等）

職務経験（学位・資格）の有無

必要書類の種類

推薦状の必要枚数

面接の有無

出願プロセスのシンプルさ

条件つき入学制度の有無

F．仕事や私生活との両立

社会人学生への理解と配慮

時間や場所の自由度

時差

学習計画の柔軟性

休学制度等の有無

在籍可能年限

G．卒業後のサポート

同窓会ネットワーク

日本国内における同窓会の有無

卒業後のキャリアサポート

卒業生の就職率

卒業生の進路（業界、職種等）

卒業生の活躍

H．学費および奨学金

学費

学費以外にかかるコスト

学費の支払い方法

学費の支払いスケジュール

奨学金の有無と充実度

各種減免制度の有無

3.5　Step 3: 周囲の理解を得る ─家族や職場との調整について考えよう

出願準備と並行して、周囲の人々との調整についても考えていきたいところです。大学院生活を乗り切るためには周りの方々の協力が欠かせません。特に家族や職場からの理解は必要不可欠です。大切な人たちとあらかじめイメージをすり合わせ、お互いに不安を減らしながら新しい生活に入っていきたいですね。

ここでは**身近な人たちに大学院進学の意志を伝え、理解を得ること**に**フォーカス**します。それぞれの場面で使えるワークシートも用意していますので、併せて活用してください。

3.5.1　家族（パートナー）と事前に共有しておきたいこと

家庭を持つ（あるいは同居家族がいる）方は、まず家族との調整について考える必要があります。進学後は時間の使い方が大きく変わりますし、金銭的な問題もあります。特に夫や妻（パートナー）の理解は欠かせません。

そこでまずはパートナーに大学院進学の計画について相談するところからはじめてみてはいかがでしょうか。相手と話をする前に、自分自身で次の点を整理してみることをおすすめします。

・何を学ぶのか

・学ぶ目的・動機（家族にとってのメリットも含む）

・進学先

・学習にかかる期間（○○年○月〜○○年○月 見込み）

・学習にかかる費用の総額

　・費用の捻出プラン

　・家族に協力をお願いしたいこと

　・自分にできること

　（例：夏休み期間中は家事を多めにやる、保育園の送り迎えと○○の家
事はこちらがやる 等）

　2点目の「学ぶ目的」については、自分自身だけでなく**家族にとっての
メリットもぜひ考えてみてください**。相手の理解を得られやすくなるだけ
でなく、自分自身のモチベーションにもつながるはずです。

3.5.2　ワークシート⑤ 家族の5ヶ年計画シート

　そのうえで今後の計画についてパートナーと話し合ってみましょう。今
から5年後くらいまでを目処に、将来の希望や想定されるライフイベント
などを洗い出してみることをおすすめします。それぞれどんなキャリアプ
ランを思い描いているのか、家族計画についてはどんなふうに考えている
のか。あらかじめ話し合っておくことで、**互いの勝負どころやライフイベ
ントが重なったときに協力し合える体制作り**につながります。

　これらを整理するときに役立つワークシートをご用意しました（図3.7）。
パートナーと互いに下書きをしたうえで話し合ってみるのもおすすめです。

3.5.3　ワークシート⑥ 職場との面談準備シート

　仕事をしている社会人の方は、職場との調整についても考えていきましょ
う。特に残業や出張が多い人は一時的に働き方を見直す必要があるかもし
れません。また上司に推薦状をお願いする場合、進学の目的について正し
く理解してもらうことも欠かせないステップです。

　ここでは上司や職場の方と面談をする際に使えるワークシートをご用意
しました（図3.8）。それぞれの項目を埋めながらあなた自身の考えを整理
していきましょう。ちなみにここでも家族のときと同様、**あなたの進学が
職場側にもたらすメリットについて考えてみることをおすすめします**。そ
うすることでより上司や職場の理解を得やすくなるはずです。

ワークシート⑤ 家族の五ヵ年計画

家族名	志帆莉		勇人		太郎		次郎		花子	
YEAR	年齢	人生プラン	年齢	人生プラン	年齢	人生プラン	年齢	人生プラン	年齢	人生プラン
2029	40	・出産	42	・海外転勤？	8		5		0	・誕生
2028	39	・妊娠	41		7		4			
2027	38	・大学院卒業（6月）	40	・昇格試験（2月） ・昇格、部下指導（4月〜）	6	・小学校入学（4月）	3			
2026	37	・修士論文執筆（一年間）	39		5		2			
2025	36		38	・資格試験（10月）	4		1	・保育園スタート（4月）		
2024	35	・大学院入学（9月）	37		3	・認可保育園へ転園（4月）	0			

1．パートナーに協力をお願いしたいこと		3．両親・知人からのサポート	4．取り入れたい外部サポート
・朝の保育園関係のタスク（連絡帳記入、着替え、保育園への送り） ・朝の家事（洗濯、ごみ出しなど）	・夕方以降の育児（保育園への迎え、お風呂、寝かしつけ） ・夕方以降の家事（夕食作り、皿洗い、掃除、洗濯物しまう）	祖父母：時々遊びに来てもらってたくさん愛情を注いでもらう	・家事代行サービス（週一回程度利用） ・ネットスーパー ・保育園の延長保育（必要の際） ・ベビーシッター（必要の際）
2．自分に協力できること			
・夕方以降の家事育児 ・相手の勉強中に子どもの面倒を見る ・保育園の呼び出し時の第一連絡先になる	・朝の家事育児 ・相手の勉強中に子どもの面倒を見る ・在宅勤務時は保育園からの呼び出しに対応する		

図3.7 ワークシート⑤ 家族の5ヶ年計画シート

ワークシート⑥　職場との面談準備シート

● 進学先： University College London, Institute of Education（見込み）

● 専攻分野： 教育学（初等教育）

● 取得見込み学位： MA Education

●進学する理由：　（例　自分の中の課題や伸ばしたいスキルなど）

・教育学の専門知識を吸収したい
・デジタル教育に関する最先端の知見を得たい

● 進学により得られる効果：（※自分にとってのメリット<u>および職場への貢献</u>）

・初等教育とデジタル教育に関する最新の知見を得て商品開発に
　役立てたい。
　とくにデジタル教材（オンライン教材やアプリ等）は今後社会的な
　需要の高まりが見込まれる分野であることから、最先端の理論や
　テクノロジーを吸収し、競争力の高い商品の開発に役立てたい

● 上司や職場から協力をお願いしたいこと：

・出張を年4回程度に減らしたい
・学習のために時々有給休暇を利用したいので、その間自分がいなくても
　チームが回る体制づくりについて相談したい
・出願にあたって推薦状の執筆をお願いしたい

● 就学中も積極的にやっていきたいこと：

・出張については上記範囲内であれば積極的に引き受けたい
・業務の効率化に向けて努力したい
・大学院で学んだ知識は就学中から積極的にチームへ還元したい
・毎日定時までしっかりと働きたい

図3.8　ワークシート⑥ 職場との面談準備シート

3.6　Step 4: 出願手続き 一必要なものを揃えていざ出願しよう

　ここまで来たら、いよいよ出願手続きです。大学院への出願にはさまざまな書類が必要です。なかには準備に数ヶ月から半年以上かかるものもあります。早い段階で必要なものを把握し、計画的に進めていきたいですね。

　ここではイメージをつかんでいただくためにできるだけ具体的な流れを紹介しますが、実際のフローは大学によって異なるため、出願にあたっては必ず各大学の公式情報を確認してください。

3.6.1　事前に確認すること

　まず出願の前にいくつか確認しておきたいことがあります。

・各大学の応募条件を満たしているか
・出願の締め切り日および選考方法
・願書の入手方法

　まずは自分が各大学の出願条件を満たしているかどうかを確認しましょう。学部時代の成績や英語のスコアなど、大学によってさまざまな条件があります。特定の分野の学位や職業経験が求められることもありますので、早めに確認しておきましょう。

　それぞれの大学の選考方法も確認しておきましょう。日本では締め切り日まで待って選考をはじめることが一般的ですが、海外では**願書の到着順に採否を決めていく「ローリング・アドミッション」という方式をとるところがあります**。この場合、締め切り間近に応募してもすでに定員が埋まっている場合があるので注意が必要です。

　願書の中身も早めに確認しておきましょう。求められている情報を把握し、余裕をもって準備を進めることが成功への鍵となります。

3.6.2　必要書類および手続きについて

大学院への出願には、一般的に次のような書類が求められます。

・願書
・前学歴の卒業証明書および成績表
・志望動機書（パーソナル・ステートメント）
・推薦状（2〜3枚）
・語学能力証明書（TOEFL、IELTS等）

その他、コースによっては次のような書類や手続きが求められることもあります。

・各種学力試験のスコア（GMAT、GRE等）
・特定のテーマに基づくエッセイ
・職務経歴を証明する書類（自己申告でよい場合もあれば、職場からの証明等が必要な場合も）
・面接

(1) 願書

願書にはあなたの経歴や個人情報等を記入します。大学受験のときに記入した経験がある方も多いことでしょう。現在はほとんどの大学で願書がオンライン化されています。また、国によっては統一されたシステムを使っているところもあります（イギリスのUCAS等）。

(2) 卒業証明書および成績表

卒業証明書と成績表は母校から発行してもらいます。基本的に英語または現地語での発行が求められます。希望の言語で発行してもらえる場合は依頼しましょう。対応していなければ自分で翻訳サービスを手配します。

ちなみに、特定の方式で成績を換算するよう求められる場合があります。**特に多いのが欧米を中心に普及するGPA方式です。**母校の成績表がGPA

に対応していたらそのまま提出して問題ありませんが、そうでない場合は自分で換算する必要があります。GPA については、日米教育委員会のウェブサイト (educationusa.jp/steps/schedule_supplement.html#step04_01) に換算例が記載されています。その他の方式が指定された場合は、大学側の指示を仰ぎましょう。

(3)志望動機書（パーソナル・ステートメント）

　志望動機書は出願において最も重要な書類のひとつです。あなた自身の人間性など、願書ではわからない部分を把握するために求められます。書き方については優れたテキストがたくさん出ているのでそちらに譲るとして、ここでは求められているポイントを確認しておきましょう。

【志望動機書を書く際に含めたいポイント】
　　・その大学およびコースを志望する理由
　　・大学院を志す理由（社会人の場合は仕事との関連も含めて）
　　・あなた自身の強み
　　・その大学に合格するためにこれまで実践してきたこと（例：大学のオープンキャンパスに参加した、専攻分野に関連する資格を取得したなど）
　　・あなたがそのコースに対して貢献できること
　　・卒業後のキャリアプラン（学習したことをいかに社会へ還元するか）

●人間性が伝わるように書く

　なお、志望動機を書くときに心がけたいポイントがあります。それは**あなた自身の人間性が伝わるように書くということです**。これまでの実績や成果も確かに重要なことですが、それらは願書を見ればわかる部分でもあります。それよりも選考側が最も知りたいのはあなた自身の人となりです[4]。

　大学院では学部時代に比べて先生方との距離がより近くなります。特に修士論文の場合、同じ先生から数年間にわたって指導を受けていきます。長い時間をともに過ごすわけですから、先生の側としても魅力的かつつき合いやすそうな人を選びたいのは当然のことです。この点は人材採用に関

わったことがある人ならイメージしやすいかもしれません。輝かしい経歴を持つ人は確かに魅力的ですが、人柄に不安な面があると採用には踏み切れないですよね。**願書からは見えてこないあなたの人柄や価値観こそ、志望動機書でアピールしたいところです。**

●見直しと推敲の重要性

　志望動機書をドラフトしたら、そのまま提出せずに必ず見直しましょう。納得がいくまで推敲し、内容を磨き上げます。その際に気をつけたいポイントをいくつか挙げておきます。

- ・内容に抜け漏れがないか
- ・不要な情報が盛り込まれていないか
- ・内容に矛盾点はないか
- ・他者を不用意に攻撃したり、物議を醸したりするような内容が含まれていないか
- ・誤字脱字がないか
- ・固有名詞や数字などの事実に誤りがないか
- ・文法ミスはないか

　これらのミスがあると文章が読みづらくなるだけでなく、合否にも影響するリスクがあります。語学面が不安ならプロの校正サービスを利用するのもいいでしょう。また文法だけでなく**内容もじっくりと検討しましょう。**身近な人から意見をもらうのが難しい場合は留学エージェントなどプロの力を借りる方法もあります。

●おすすめの参考書

　ご参考までに、私が過去に参考にしたテキストを2冊ほどご紹介します。

- ・『大学院留学のためのエッセーと推薦状』（カーティス・S・チン 著）
- ・*Graduate Admissions Essays, Fourth Edition: Write Your Way into the Graduate School of Your Choice*（Donald Asher 著）

(4) 推薦状

　海外の大学では出願にあたり複数の推薦状が求められます。推薦状とは、**上司や恩師などあなたをよく知る人から人柄や能力について証明してもらう書類**です。長さはＡ４用紙１枚程度で、文末に推薦者の直筆サインをいただきます。英語圏の大学に出願する場合は英語で書いていただく必要があります。難しい場合は日本語で書かれたものを翻訳するなどなんらかの方法で英語にします。必要枚数は大学によっても異なりますが、アメリカでは３通、イギリスや他の地域では２通求められるのが一般的です。

　推薦状は志望動機と同じく、あなたの人柄や社会性など願書からはわからない面を知るために利用されます。一般的には、次のような内容が想定されます。

　　・あなたとの関係性（例：上司と部下など）
　　・あなたのどんな役割に関する評価か（例：○○学部△△学科の学生として、○○株式会社△△事業部の××リーダーとして等）
　　・あなたの人柄や業績について特筆すべき点
　　・組織内における他者からの評価

　これらはあくまで一般的な例です。これらの情報がすべて網羅される必要はありませんし、別の情報が入っていてもかまいません。

●推薦状を依頼する流れ

　推薦者となっていただく方はあなた自身が決めます。一般的には上司や恩師など、これまでお世話になってきた方に依頼します。内容は基本的に執筆者にお任せすることになりますが、よい推薦状をいただくにはあなた自身のイニシアティブも必要です。そのために押さえておきたいポイントをお伝えします。

・自分を公平かつ好意的に評価してくれる人を選ぶ

　推薦者を選ぶときは、肩書きや社会的ステータスよりも**自分についてどれだけ理解してくれているかを基準に判断しましょう**。大学院の選考にお

いて推薦者の肩書きはそこまで重視されません[4]。それよりも出願者の人柄や魅力が伝わる内容であるかどうかが重要です。

・推薦状の執筆に慣れていない方は細かくサポートする

　推薦状の執筆に慣れていない方へは特に細かく気配りをしましょう。次にお伝えする「推薦者に伝えておきたい情報」などを参考に、相手とのコミュニケーションを心がけてください。英語での執筆が難しい場合、どのように対応すべきか事前に検討しておくと安心です。

　ご参考までに、推薦状を依頼するうえでの一般的な流れをお伝えします。

【推薦状を依頼する流れ】
　・推薦状の必要枚数を確認する
　・推薦者候補を決める（例：上司、恩師など）
　・推薦状の提出方法を確認する
　・出願先に関する情報をまとめ、手渡せるようにしておく
　（※次の「推薦者に伝えておきたい情報」などを参考にしてください）
　・推薦の可否につき先方の意向を伺う
　・OK をもらえたら、必要情報をまとめて先方にお送りする
　・締め切りの1週間前になったら先方へリマインドする
　・推薦状をいただいたら御礼をお伝えする（結果の報告も忘れずに）

　なお、依頼するときは次の情報を併せてお伝えすると役立ちます。

【推薦者に伝えておきたい情報】
　・大学およびコースの正式名称
　・コースの概要
　・推薦状の必要枚数
　・締め切り日
　（自分宛に送ってほしい場合は余裕をもって期日を設定しましょう）
　・推薦状の提出方法
　（自分宛に送ってほしい場合は連絡先を伝えましょう）

　・あなた自身のおもな実績をまとめた資料
　（履歴書、職務経歴書など。恩師の場合は当時の成績表など）
　・推薦状に含めてほしいエピソードなど

　推薦者の方々と細かくコミュニケーションを取りながら、互いに気持ちよく進めていきたいですね。

(5) 語学能力証明書

　英語圏の大学を受験するときは、英語力の証明が求められます。TOEFLやIELTS等のスコアが指定されるのが一般的です。語学試験は出願プロセスのなかでも特に時間のかかるところなので、前倒しで準備を進めることをおすすめします。

　ちなみに語学試験のスコアは多くの場合、いわゆる「足切り」として利用されます。より高いスコアが出たからと言って合否に影響するとは限りません。あまり時間はかけすぎず、タイムラインを定めて取り組みましょう。また闇雲に英語を勉強するよりも、各試験に合わせた対策をするのが効率的です。その試験に特化した問題集を使ったり、模擬試験を受けたりするなどして問題形式に慣れておきましょう。

　すべての書類が揃ったら、指定の方法で提出します。出願料の支払いが必要な場合は忘れずに手続きをしましょう。ここまでで出願手続きは完了です。

　ここまでの道のり、本当におつかれさまでした！

　仕事や家事の合間を縫って地道に出願準備を進めるのはとても大変なことです。無事終えられたら、ご自身の努力を十分にねぎらってあげてくださいね。

　手続きが終わったら、あとは結果を待つのみです。

3.7　Step 5: 入学準備 —オンラインならではの手続きを理解しよう

　出願からしばらく経つと、各大学から結果の通知が届きはじめます。**合格通知が届いたら、晴れてオンライン留学の日々のはじまりです！**期待と不安が入り交じりますね。

　ここからは入学準備の流れについて見ていきましょう。オンラインゆえにイメージしづらいところもあるかもしれませんが、現地留学に比べてむしろ手続きはシンプルなので安心してください。ビザの手配も必要ありませんし、現地の住まいや保険などの心配もありません。詳しい手続き方法は大学によって異なりますが、皆さんがイメージを膨らませるうえでの一助となるよう、一般的な流れをご紹介します。

3.7.1　合格通知（オファー）が来たら

　さて、出願先から合格通知（オファー）が届きました。飛び上がって喜びたいところですが、少しだけ待って、念のため内容を確認しましょう。

　海外大学のオファーには、おもに２つの種類があります。

・無条件合格 (unconditional offer)
・条件つき合格 (conditional offer)

　無条件合格とは文字通り、追加条件なしに合格という意味です。注意したいのはもう一方です。**「条件つき合格」、つまり追加の条件をクリアすることで入学が認められるということです。**たとえば英語のスコアが足りなければ英語コースの受講を求められます。職務経験が足りないと判断されたら、それに関連する授業の履修が求められたりします。期日までに条件をクリアできないとオファーは失効します。条件つき合格を受け入れるかどうかはあなた次第です。条件をクリアできるまでにかかる期間や予算等を慎重に見積もり、無理のない判断をしてくださいね。

　ちなみに複数の大学からオファーが来たらどうすればよいでしょうか。

これはうれしい悩みですね。

　第一希望の大学からオファーが来たら、迷わず進学の意思を伝えましょう。一方、どの大学に進むべきか迷う人にとっては難しい問題です。そんなときこそあなた自身の価値観に立ち戻り、自分と相談を重ねてください。本章のワークシート①〜④に立ち返り、他者ではなくあなた自身の軸に沿って納得のいく判断をしてくださいね。

3.7.2　入学準備を進める

　大学側に入学の意思を伝えると、手続きについて案内が来ます。大学によっては新入生向けのハンドブックを用意してくれていることもあります。早めに目を通し、必要な手続きを確認しましょう。しばらく待っても情報が送られてこないときは、こちらからフォローアップしてみましょう。待ちの姿勢でいると思わぬトラブルに見舞われることもあります。海外の教育機関で学ぶという意識を持って先回りの行動を心がけましょう。

3.7.3　学習に向けて自宅の環境を整える

　またこの期間を使って自宅の環境を見直してみてはいかがでしょうか。いざ学習がはじまるとそこはあなたの教室になります。学習に適した環境になるよう、少し手を加えてみてもいいかもしれません。特に**IT環境は早めに確認しておきたいところです。**

　お子さんがいらっしゃる方は、お子さんのケアについても考えてみてはいかがでしょうか。年齢が小さいほど、親の様子が変わったときに敏感になりがちです。言葉を理解できる年齢なら、パパやママが新しい勉強をはじめることを伝えてみてはいかがでしょうか。ご自身がチャレンジする姿を通して、学ぶ喜びをお子さんに伝えてあげてください。

3.7.4　お世話になった方々への感謝を忘れずに

　出願にあたりお世話になった方々へも、このタイミングで報告と御礼を伝えておきましょう。合格までの道のりをサポートしてくれた家族や友人、推薦者になってくださった上司や恩師、情報を提供してくれた人々など——。

報告とともに感謝を伝えることで、これからはじまる大学院生活も応援してもらえるはずです。

3.7.5　オリエンテーション参加時にやっておきたいこと

入学手続きが完了したら、オリエンテーションはもう目の前です。参加するときに心がけておきたいことをいくつかお伝えします。

(1) わからないことはオリエンテーションで解消しよう

まず今の段階で不安や疑問があれば、オリエンテーションですべて解消しましょう。大学からの連絡事項を読んでもわからないことは積極的に質問しましょう。「こんなことを聞いていいの？」ということはありません。

(2) クラスメイトとの交流を大切に

またこの機会にできるだけクラスメイトと交流しておくことをおすすめします。クラスメイトは大学院生活をともに過ごす仲間です。最初の段階で交流を深められたら、その後の学習においても支えになるはずです。

(3) 先生方や事務局とも接点を持っておく

先生や事務局の方々とも接点を持っておくことをおすすめします。特に**修士論文を指導していただく先生には早めに挨拶をしておきましょう**。他にも大学にはあなたの学習をサポートしてくれる施設があります。図書館、アカデミックライティングセンター、ITサポート、カウンセリングサービスなど——。気になるものは早い段階で試しに一度利用してみることで、本当に必要になったときにスムーズに利用できます。

ちなみにこれら施設を利用するにあたり、オンライン受講生だからと言って遠慮する必要はまったくありません。その大学のれっきとした学生なのですから、施設やサポートを利用する権利は等しく与えられています。必要なサポートはためらわずに活用しましょう。

3.7.6　大学の施設や周辺環境にも親しんでおく（現地に行く場合）

　最後に、幸運にもオリエンテーションなどで現地に行くチャンスを得られた場合は、大学のキャンパスや周囲の環境に親しんでおくことをおすすめします。そこはこれからあなたの母校となる場所です。キャンパス内を散策したり、食堂や図書館などの施設にも立ち寄ってその大学の学生としてひとときでも過ごせたりしたら、貴重な思い出となることでしょう。

＊＊＊＊＊＊＊＊＊＊

　オンライン留学への道のりを綴ってきた第3章はここで幕を閉じます。
　次章ではオンライン留学を経験した4名の社会人にご登場いただき、彼らの道のりを語っていただきます。職業も経験も異なる4人の社会人たちがオンライン留学を目指した背景には何があったのでしょうか。オンラインでどのように学び、そこで得た経験をどのように人生に生かしているのでしょうか。一人ひとりのエピソードからひもといていきます。

参考文献

[1]　Knowles, M.S., Holton III, E.F., & Swanson, R.A. (2015).*The Adult Learner: The Definitive Classic in Adult Education and Human Resource Development (8th ed.)*.Routledge.

[2]　Burnett, W., & Evans, D. J. (2016).*Designing Your Life: How to Build a Well Lived, Joyful Life*.Knopf.

[3]　Jorissen, S. L. (2018). Private and for-profit institutions: Evolution and accountability.In M.G. Moore & W.C. Diehl (Eds.),*Handbook of Distance Education*(4th ed., pp. 499-506). Routledge.

[4]　Mumby, D. G. (2011).*Graduate School: Winning Strategies for Getting In (2nd ed.)*.Proto Press Publications.

第4章

オンライン留学
経験者たちのストーリー

4.1　Case #1　紺野貴嗣さん

IE ビジネススクール（スペイン）
Global Master of Business Administration (GMBA) 修了
職業：トークンエクスプレス株式会社　代表取締役

「戦略と覚悟さえ持てば誰でも起業に挑戦できるということを学び、いつか自分も挑戦したいと思うようになりました」

　スタートアップ企業を経営する紺野貴嗣さん。企業の社会的価値を高める経営支援サービスを展開しています。

　紺野さんはスペインの大学院をオンラインで修了後、コンサルティング会社への参画を経て自身の会社を創業しました。もともと起業をするという考えはなかったと語る紺野さん。彼を起業へと駆り立てたのは、前職でのエジプト駐在経験とMBAでの学びだったと言います。これらの経験が紺野さんをいかに現在の方向へと導いたのか、お話を伺いました。

4.1.1　「企業の社会的価値を通して世の中にインパクトを与えたい」—MBA を経て起業に至るまでの道のり

●街づくり×公益事業に関心を持ち国際協力の道へ

　子どもの頃から街づくりや都市開発の分野に関心を抱いていた紺野さんは、東京工業大学で建築や土木工学を学んだ後、新卒で国際協力機構(JICA)に入職します。

　「昔から街づくりや公益事業といったテーマに関心がありました。両者は必ずしもリンクするものではありませんが、私のなかでは常にリンクしていました。私自身は横浜で生まれ育ったのですが、幼少期に訪れたある地方都市でブルーシートの家やホームレスの方々を見て、幼いながらに衝撃を受けたことを覚えています。人の豊かさとは何かについて考えるきっかけとなりました。経済的な豊かさが人の豊かさに直結するとは限らないなと。むしろ、経済的ではない方の豊かさに関心が向いていったように思い

ます」

　JICAではエジプトやイラクをはじめとする中東諸国向けの開発金融事業に従事します。エジプト現地への駐在も経験し、金融という側面から途上国開発の実務に携わります。

　「エジプトではおもにマイクロファイナンス事業に携わっていました。マイクロファイナンスとは、所得や資産が少ない方向けに正規の小口金融サービスを提供し、彼らが最初の一歩を踏み出せるよう支援するサービスです。拡大すればするほどチャンスをつかめる人が増えますし、ビジネスとしても大きくなるという点で、社会的価値を内包した両輪あるビジネスでした」

　マイクロファイナンス事業の拡大に奔走するなか、紺野さんの内には新たな角度からの関心が芽生えていきます。

　「JICA自体は公的機関でしたが、途上国開発の現場に身を置くなかで、民間が果たせる役割の大きさを実感しました。そこから民間の力による国際協力を支援することへの関心が芽生えていきました」

　紺野さんの関心は、民間セクター開発を行う国際機関等へと徐々に広がっていきます。将来的な選択肢として転職を視野に入れるなか、それら国際機関へ転職するにはMBAの取得が有利に働く場合があると知ります。

　「MBAは学位ですが、資格のような側面もあり、MBAを持っていることで金融業界や国際金融機関などへの転職に有利に働いたりします。それが最初にMBAに関心を抱いたきっかけです」

　将来的なキャリアチェンジを見据え、紺野さんはMBAの取得を決意します。欧米圏の大学を中心に比較するなか、スペインの大学院が開講するとあるコースが紺野さんの関心を捉えます。

　「スペインのIEビジネススクールという大学院が開講するMBAコースに惹かれました。IEビジネススクールは、MBAの分野で国際的に高い評価を受ける私立の教育機関です。世界大学ランキングのMBA部門においても、ヨーロッパ圏内で毎年トップテン入りを果たしています。INSEAD（インシアード、欧州経営大学院）やロンドン・ビジネス・スクールのような権威性のある大学とはまた異なり、起業家教育やダイバーシティ等の特長を前面に押し出していました。もともと会社の先輩が通っていて貴重な経験をされていたこともあり、早い段階から注目していました」

●妻の一言でオンラインコースに目を向ける

　MBAの取得を決意したものの、実際に海外へ留学するにはいくつかのハードルがありました。

　「勤務先には海外長期研修という制度があり、会社の援助を得ながら留学できる選択肢がありました。しかしこれはある程度経験を積んだ職員が対象で、私のような若年層向けではありませんでした。休職制度もいくつかありましたが、留学目的で利用できるものはなく、仕事を辞めて行くしか選択肢がありませんでした。将来的にキャリアチェンジを視野に入れていたものの、前職でやりたいことがまだたくさんあったので、退職せずに学び続けられる方法を模索していたところ、妻がふと『オンラインで学べる道はないの？』と言ったのです。その言葉にはっとして、**オンラインで学べる道を模索しはじめました**」

　もとから関心を抱いていたIEビジネススクールについて改めて調べてみると、オンキャンパスと並行してオンライン主体のコースが開講されていることがわかりました。さらにこのコースが、ファイナンシャルタイムズ紙によるオンラインMBAランキングにおいて当時世界第1位の評価に輝いたことを知ります。天啓のようなものを感じた紺野さんは、IEビジネススクールに絞ってさっそく受験対策を開始します。受験にあたっては、学力試験や語学試験のスコア、さらにエッセイや推薦状等の提出が必要でした。

　「エッセイは、MBAを目指す理由やIEビジネススクールへの志望動機等について英語で書くものでした。推薦状は2枚必要でした。JICAの上司と、過去に出向していた経済産業省時代の上司にそれぞれ推薦状をいただきました。語学試験は当時駐在していたエジプトで、学力試験はトルコでそれぞれ受験しました。加えて面接もありました」

●入学後の学習と生活について

　首尾よく出願準備を進め、紺野さんは晴れてIEビジネススクールに入学します。こうして**エジプトで働きながら、スペインの大学院に学ぶ多忙な生活が幕を開けました**。

　マドリードに本拠を置くIEビジネススクールは、1973年にスペインの起業家によって創設された高等教育機関です。起業家育成を中心に据えた

カリキュラムとオンライン教育の質に定評があります。

　「起業家が創設した大学ということもあり、アントレプレナーシップ（起業家精神）に重きを置いたカリキュラムになっています。オンラインコースでは、世界のスタートアップ拠点都市へ現地視察に行くなどユニークな授業が行われています。私が在籍した年は皆でアメリカのシリコンバレーへ視察に行きました。もちろん企業戦略や財務会計、マーケティングなど、経営学に関する幅広い分野の知識もひととおり学ぶことができます。コースの集大成として、マドリード現地でビジネスプランコンテストが開催されます。クラスメイト同士でチームを作り、ビジネスプランを考案して地元の投資家相手にプレゼンテーションするものです。チーム同士で評価を競い合い、実際の投資家たちからアドバイスをいただくなど貴重な実践の場でもあります」

　いざ授業がはじまると、1週間ほぼ休みなしの生活が紺野さんを待ち受けていました。

　「授業は1週間単位で進行していきます。まず毎週土曜日にクラス全員で集まって、オンラインで授業を受けます。この日は朝から午後まで基本的にずっと授業です。日曜日は課題に取り組むグループで集まってミーティングをします。その後、月曜から木曜の間はグループ間で連絡を取りながら着々と課題を進めていきます。並行して、オンラインの掲示板でケーススタディの授業が進行していきます。実際の企業や組織が直面した経営課題についてクラス全体でディスカッションするものです。ケースと呼ばれるシナリオ教材の中から、毎日2つの問いが出題されます。学生は少なくとも1つの問いに一度は答えなければなりません。それに答えると、先生からさらなる問いが出題されて対話が続いていきます。議論が盛んで進行も早いので、仕事以外の時間はほぼ1日中掲示板を目で追っていないといけない状態でした。本当に1週間休みなしという状態でした」

　紺野さんが普段の授業のなかで特に関心を持って取り組んだのは財務会計の授業でした。

　「JICA時代から途上国の金融に関わる実務を担当していたこともあり、ファイナンスに関する一般的な原理などは理解しているつもりでした。ただあくまで公的機関という立場だったので、民間企業における細かい管理

体系等についてはっきりと理解していたわけではありませんでした。ビジネスに関する実践的な知識を身につけたいという動機から、ビジネスにおけるファイナンスの知識はしっかり押さえていこうと思いました」

●**クラスメイトとの交流からリーダーシップを磨いた**
　多忙な学業生活のなか、**クラスメイトとの交流から多くを学んだと紺野さんは振り返ります。**
　「課題のほとんどはグループワークだったのですが、このグループワークから多くのことを学びました。同級生は54名、29カ国の国籍から構成されていました。彼らと学期ごとにグループを組み、課題に取り組みます。WhatsAppなどのコミュニケーションアプリを使って密に連絡を取り合いながら進めていました」
　クラスメイトとの交流から多くの学びを得る一方、課題にも直面したと言います。
　「人によって動機や取り組み姿勢が異なり、その差を埋めていくのは難しい作業でした。多くの人は純粋に学びたいという動機で来ていて、そこから何かを学び取ろうという姿勢で学びます。一方、少数派ではありますが、学びの質よりも課題をこなすことを優先したり、他人任せの姿勢で臨んだりする人もいました。この両者はどうしてもぶつかりがちで、そのなかで協力関係を構築していくことに難しさを感じていました」
　そのような困難もリーダーシップの訓練と捉え、紺野さんは丁寧に向き合いました。
　「よいものを作ろうと思うと、皆の協力が欠かせません。そのためにはできるだけ全員の意見を聞き、意見のすり合わせを行ったうえで物事を進めていく必要があります。方向性にずれがある場合は早い段階で明らかにし、皆で合意点を見つけてから作業を割り振っていく。そんなふうに進めていきたいと思うと、結局自分でリーダーシップを取らなければならなくなり大変でした。**ただMBAはリーダーシップを学ぶ場でもあります。せっかくお金を払ってやっているのだから、これも勉強だと思って引き受けていました。むしろ、リーダーシップに関する学びの方が本質だったかもしれません」**

●スペインでのビジネスプランコンテスト

　約1年半の学習期間が終わりに近づき、ビジネスプランコンテストの準備をする段階に入りました。

　「ビジネスプランコンテストは、4人1組のチームで取り組みます。このグループをどのように決めるかが直前まで知らされなかったのですが、一部の人々は早々に根回しをしてグループを作ってしまっていました。この流れに私は出遅れてしまい、出遅れた者同士でグループを組むことになりました。**その結果、非常に個性的なメンバーが集まりました。**普段あまりディスカッションに姿を現さないスペイン人、多忙を理由に課題をあまりやらない南アフリカの投資銀行員、控えめなナイジェリア人、そして私。**名付けて『ぼんやり4人組』です。**グループ発足後、何をやるかについて話し合ったのですが、皆そこまで強いこだわりがあるわけでもなく、極力シンプルなアイデアがいいということで合意しました。南アフリカ人の女性がいたこともあり、南アフリカ国内でブランドバッグレンタル事業をするという案が出たので、それで進めていくことにしました。バッグを資産として保有して貸し出すだけなのでシンプルですし、誰かの地元で完結するビジネスの方がニーズも見通しやすいと思ったのです。先行例を調べてみると、当時イギリスなどで少しずつ出てきていることがわかりました。そうして走り出してみたものの、**案の定スペイン人もナイジェリア人もほとんど動いてはくれませんでした。**結局私が一生懸命プランを書き、地元なんだからと南アフリカ人女性を突っついて、なんとかプレゼンまで持っていきました」

　波乱の幕開けとなったビジネスプランコンテスト。しかし終盤から思いもよらない展開を見せはじめます。

　「発表の段階になって、**スペイン人が急にやる気を見せはじめました。**発表は任せろというので、思い切って任せてみることにしました。いざプレゼンの練習に入ると、彼が突然ものすごく指導をしてくれるようになって(笑)。もっとシンプルに、元気に話せなどと言われているうちにだんだん私の出番は縮小されていき、当日を迎えました。いざプレゼンテーションが始まると、彼はものすごくよくしゃべって、スペイン人審査員たちの心をわしづかみにしていきました。スペイン人同士で波長が合うのでしょう

ね。彼のプレゼンテーションがユーモアに富んでいたことで『何だかいいね』という雰囲気になっていきました。さらにシンプルなビジネスであったのも功を奏したようです。ご年配の投資家の方々にも理解していただくことができ、**結果僕たちのチームが優勝しました**」

　紺野さんいわく「ぼんやり４人組」で始まったビジネスプランコンテスト。最後には思わぬどんでん返しが待っていました。この体験から、紺野さんはビジネスに関して大切なことを学んだと言います。

　「やはりビジネスはシンプルな方がよいということがわかりました。他のチームはバーチャル・リアリティを活用したサービスとか、ホテルのインターネット予約サイトとか、バラエティあふれるアイデアを出していましたが、わかりやすさという点で苦戦する姿も見られました。**結局シンプルなアイデアが一番強いという気づきを得ました**」

●シリコンバレーへの視察旅行

　時に困難に見舞われつつ、忙しくも充実したMBA生活を送った紺野さん。約１年半の学習のなかで特に印象に残った体験について伺うと、シリコンバレーへの視察旅行という答えが返ってきました。

　「授業でアメリカのシリコンバレーへ視察に行きました。現地に１週間滞在し、さまざまなビジネスの現場で働く卒業生たちに会って話を聴くという授業でした。スタートアップから大企業までさまざまな現場で奮闘する卒業生たちの生の声を聞くことで、ビジネスの成長過程を追体験できるような内容でした。最近スタートアップを興したばかりの卒業生や、スタートアップがIPO（新規株式公開）直前の卒業生など、それぞれの立場から貴重なお話を聞くことができました。大企業で働く卒業生にも会いましたし、Google本社を訪問したりもしました」

　この現地視察を通して、紺野さんはビジネスに関するさまざまな洞察を得ました。

　「**最も貴重だったのは、実際にスタートアップの現場で働く卒業生たちの生の声を聞けたことです**。MBAで学ぶまで、スタートアップや中小企業が成長していく過程について具体的にイメージしたことがありませんでした。しかしシリコンバレーで奮闘する卒業生たちの姿に触れ、今まさに自

分の事業を興して奮闘している姿や、ビジネスを軌道に乗せて活気づいている姿、さらにIPOまでたどり着いたらこんなふうに大きくなるのだという将来像など、ビジネスの成長過程を追体験することができたのはとても貴重な体験でした。さらに、ビジネスを生み出す社会的な要因についても興味深い考察を得ました。たとえば、シリコンバレーの近くにはサンフランシスコという街があります。サンフランシスコは美しい街である反面、さまざまな問題も抱えています。交通機関がうまく機能していなかったり、庶民が気軽にご飯を食べられるような飲食店が少なかったり、ホテル代の相場が高かったり。しかしそのような負の環境があるからこそ、Uberや Airbnbのような革新的なサービスが生まれたとも言えます。**ビジネスの種は社会の課題から生まれるという点を改めて認識しました**」

さらにシリコンバレーで奮闘する卒業生たちの姿は、紺野さんの今後のキャリア設計にも大きな影響をもたらします。

「シリコンバレーで起業するような人は何か特別な人だという印象を持っていたのですが、必ずしもそうではないと知りました。変わったところとか突飛な面があるわけではなく、ただ覚悟を決めてやっている。しっかりとした戦略を持ち、もう後がないという強い覚悟で取り組んでいる普通の人たちでした。**戦略と覚悟さえ持てば誰でも起業に挑戦できるということを学び、いつか自分も挑戦してみたいという思いが現実味を帯びていきました**」

● MBAを経て起業の道へ

新たな目標を胸に、紺野さんはついに行動に出ます。MBAを修了後、エジプトでの駐在生活を終えて3年2ヶ月ぶりに日本へ帰国。JICAを退職後、知人が経営するスタートアップ企業への参画を経てついに自身の会社を設立します。

「現在は、ビジネスの社会的価値を高める経営支援サービスを展開しています。企業向けに社会的価値の高い事業の構築支援を行ったり、社会的価値を強みとして伸ばしていきたい企業向けにコンサルティングサービスを提供したりしています。事業戦略からマーケティング、広報・PRなど幅広い分野のお手伝いをさせていただいています」

　MBA での学びやエジプト駐在など、さまざまな経験を経てたどり着いたのは、自身の原点でもある「公益性×ビジネス」を軸とした事業でした。「経済がグローバル化する中、豊かでよりよい社会を創っていくうえで企業が果たせる役割は大きいと感じています。ビジネスによって経済的な豊かさを生み出すという従来の存在意義はもちろんですが、地域社会や環境に配慮するなど、より公益的な視点がこれからの企業には求められます。そして多くの企業にはそのような能力がすでに備わっていると私は考えています。SDGs等が社会に浸透するなか、このような視点を持つことは企業のビジネス活動自体にも利益をもたらします。ビジネスの収益性と公共性の両輪を備えた経営活動をサポートすべく、戦略策定の段階からお手伝いをさせていただいています」

　自身のビジネスを興して約3年。紺野さんの今後の展望を伺いました。

　「今後も企業の経営支援を通して社会へのインパクトを追求していきたいと思っています。その企業が信じる豊かさや、よりよい社会に対する考え方から発露するビジネス活動を支援していきたいと思っています。企業が社会に与えられるインパクトとして、経済的豊かさや雇用の創出などさまざまな価値があります。今後はそれらに次ぐ3本目の柱として、社会的価値という視点を個々の企業が当然のように持つべき時代が来ます。そのような時代が来たときに必要とされるサービスを提供できるよう、これからも事業を形作っていきたいと思っています。そのために今は資金調達や人員集めをはじめ、力を入れて活動しているところです」

●これからオンラインで大学院を目指す方々へメッセージ

　MBA での学びを経て自身の道を希求し続ける紺野さんに、これからオンラインで大学院を目指す方々へ応援のメッセージをいただきました。

　「本や教材からもたくさんのことを学べますが、私自身はクラスメイトや人との交流からより多くのことを学びました。これから大学院に挑戦される方には、ぜひ**人から学ぶということを大切にしていただきたいと思います**。コロナ禍をきっかけに多くの方々が実感されたように、オンラインだから人と交流しにくいとか、コミュニケーションを取りづらいといったことはありません。私自身、オンライン主体のコースで学びましたが、クラ

スメイトたちとは修了から5年以上が経ってもいまだに気軽に連絡を取り合える仲です。ITやSNSの発展がそれを可能にしていると思います。ですから自身のネットワークを広げたり、人との交流から学んだり、そういうところに重きを置いて学ばれるとよい体験になると思います。そして**機会があれば現地に行って直接仲間と会い、交流を深めるのも貴重な人生の楽しみとなると思います**。ただオンラインのコースは便利な反面、大変な部分があるのも事実です。自身の体や家庭を壊してまでやるものではないと思います。それぞれのキャリアのタイミングなどを見つつ、慎重に計画されることをおすすめします。タイミングが整っていざ挑戦できるということになったら、そこにはたくさんの学びが待っていると思います」

　表4.1に、紺野さんのオンライン留学にかかった費用などをまとめました。ご参考にしてください。

表4.1　紺野さんのオンライン留学費用

在籍期間	2015年4月〜2016年7月
受講言語	英語
当時かかった学費	43,200ユーロ（内訳：学費42,000ユーロ＋寄付金1,200ユーロ）
学費以外にかかった費用	海外現地への渡航費（マドリードおよびシリコンバレー）、海外現地での宿泊費、語学試験（IELTS）受験料

4.1.2　経験者に聞く (1)

①学習時間はどのように確保しましたか？

　おもに平日の夜と週末を学習時間に充て、1週間あたり約30時間程度を確保していました。単身赴任中だったこともあり、比較的自分の意思で予定を立てられたのはよかったと思います。始業前や昼休み等の空き時間も活用できるよう、常に軽めのノートPCを持ち歩いていました。また在学中は飲み会への参加頻度も少なくしていました。その代わり金曜の午前だけはゴルフに行って気分転換していました（当時駐在していたエジプトは

金土が週末だったので、金曜の午前をゴルフの時間とし、残りを学習に充てていました）。

②仕事や家庭生活と両立させるためにどのような工夫をしていましたか？

当時は単身赴任中だったので、私生活とのバランスは比較的取りやすい環境だったと思います。当時妻は日本にいたのですが、学期の合間の休暇期間に一緒にヨーロッパ旅行をするなどして互いにリフレッシュしていました。

③英語はどうやって対策しましたか？

もともと英語を使って仕事をしていたこともあり、学習やクラスメイトとの意思疎通において困難を感じることはありませんでした。ちなみに当時はポッドキャストでよく情報収集をしており、それが結果として英語のリスニング強化につながった可能性はあります。受験対策という点ではIELTSの対策に力を入れました。特別なことはしておらず、実際に何度か試験を受けながら傾向に慣れていきました。

④オンラインでもクラスメイトと十分にコミュニケーションは取れますか？

私が在学していたコースはほとんどの課題がグループワークだったので、同じグループのクラスメイト（6～7名程度）とは常にやりとりしていました。クラスメイトは世界中に散らばっており、通知を調整しないと1日中スマートフォンが鳴り続けているような状態でした。最終課題のビジネスプランコンテストや海外への視察旅行などもクラス単位で参加します。その分絆が強まり、**卒業から5年以上経った今でもクラスメイトたちとは気軽に連絡を取り合える仲です。**

⑤学習に対するモチベーションはどのように保っていましたか？

毎日何かしらのアクションが求められるカリキュラムだったので、モチベーションを失っている暇すらなかったというのが正直なところです。とはいえ授業によって興味の度合いが異なったりするので、比較的関心の低

い授業は効率重視でこなし、その分リフレッシュに時間を使うなどしていました。またゴルフなどの**趣味で気分転換する**ようにしていました。

4.2　Case #2　高橋円さん

ボンド大学（オーストラリア）
Master of Business Administration (MBA) 修了
※日本のビジネス・ブレークスルー大学大学院との共同開発プログラム
(Bond - BBT MBA)
職業：大手重工メーカー勤務（※2021年取材当時）

　「現在の仕事で楽しいことは、宇宙観光事業の開発です。前職では宇宙飛行士のサポートをする仕事に携わっていました。宇宙飛行士の方々はどなたも知・力・体に優れた素晴らしい方ばかりでした。しかしそんな特別な才能を持った方々だけでなく、**私のような一般の人でも普通に宇宙に行ける世の中にしたい**と思うようになりました。その目標が叶えられるかもしれないと、ワクワクしながら仕事をしています」

4.2.1　「人々が普通に宇宙へ行ける世の中を実現したい」―MBAを経て宇宙観光ビジネスに奮闘する3児ママの挑戦

●宇宙に興味を抱いた原体験
　重工メーカーで宇宙観光事業の開発を担当する高橋円さん（※2021年取材当時）。私生活では3児の母という顔も持ちます。高橋さんは過去に仕事と子育てを両立させながらオンラインでMBAを取得しました。小さい頃から宇宙に憧れ、宇宙飛行士になることが夢だったと語る高橋さん。宇宙に興味を抱くようになった背景には、お父様の存在がありました。
　「小さい頃父がよく宇宙について話してくれました。宇宙には果てがないとか、地球という惑星ができたのは奇跡だとか、自分や人間はなぜ生きて

いるのかなど。まるで哲学者のような父の話を聴いて、子どもながらに自分が生きる意味などについて考えるようになりました。宇宙について知れば、そんな疑問に対する自分なりの答えが得られるのではないか。そんな思いから宇宙に関わる仕事を意識するようになりました」

幼くして宇宙への憧れを抱いた高橋さんのその後を方向づけたのは、**宇宙飛行士の毛利衛さんとの出会い**でした。

「高校生のとき、毛利宇宙飛行士がスペースシャトルで材料実験をしているのを見て『これだ！』と思いました。材料を学べば自分も宇宙飛行士になれるかもしれないと思い、大学では材料工学を学びました」

大学時代には日本科学未来館でのボランティア活動にも勤しみます。当時館長を務めていた毛利衛さんとはじめて対面を果たしたときの様子を、次のように回想します。

「ある日毛利さんがボランティア室に入って来られました。ここで話しかけなかったら一生後悔すると思い、勇気を振り絞って声をかけました。『私、毛利さんに憧れて材料工学を学びました』と伝えられたときは本当にうれしかったです。その後宇宙飛行士をサポートする仕事に就き、お仕事でもご一緒できるようになりましたが、大学生のときは心臓が飛び出るのではないかと思うほどドキドキしました」

宇宙への思いをさらに強めた高橋さんは、大学院でも材料工学を専攻します。

「進学する際、宇宙開発事業団（現JAXA）で2年間研究を行う道と、他大学の研究室に進む道がありました。迷いましたが、やはり宇宙に関わりたいという思いが強く、宇宙開発事業団で研究する道を選びました。『微小重力環境における材料実験』というテーマで、本来地球上では混ざらない金属を無重力下で混ぜることで新たな材料を模索する研究を行っていました」

材料研究の道をひた走るなか、次第に高橋さんの内にはよりダイレクトに宇宙に関わる仕事をしたいという思いが芽生えていきます。

「もともと宇宙飛行士になることが夢だったので、宇宙飛行士ってどんな人だろうとか、どんな素養があればなれるのだろうとか、そんなことに興味がありました。宇宙飛行士のそばで働けたら直に学べるのではないかと思い、自分自身の実験よりも宇宙飛行士の近くで働くことの方へと関心が

向いていきました。ちょうどそのとき宇宙飛行士の訓練や管制官などの業務を担う企業の存在について教えていただき、興味を持ちました」

　こうして高橋さんは有人宇宙システム株式会社に入社します。実際に宇宙飛行士の近くで働きながら、宇宙飛行士の仕事や素養について理解を深めるチャンスを得ます。

　「国際宇宙ステーションの船外モジュールを模擬した水中施設があり、そこで宇宙飛行士の船外活動訓練をサポートしたりしていました。その業務を行うために必要な潜水士やスキューバダイビングの免許も取得しました。さまざまな仕事に携わることができたのはよい経験でした」

　宇宙飛行士の仕事について間近で学び、忙しくも充実した日々を送っていた高橋さん。一方、自身のなかで次第にある葛藤が芽生えていきます。

　「国の予算で事業を行う会社なので、基本的に国が定めた事業以外には携わることができませんでした。日々の仕事はとても楽しかったのですが、次第に自分の将来について考えるようになりました。そんな折、H-2ロケットを三菱重工がメインで開発するというニュースや、スタートアップ企業が宇宙開発にチャレンジするという話題が世を賑わせるようになり、これからは民間の力で宇宙開発をする時代が来ると予感しました。**宇宙飛行士のような特別な才能を持った人たちだけでなく、私のような普通の人間も宇宙に行ける世の中が来るかもしれない。そんな世の中にしたい、という思いを抱くようになりました**」

　民間による宇宙開発に可能性を見出した高橋さんは、さらなる機会を求めて大手重工メーカーに転職します。入社後は再び材料研究に従事しました。

　「基盤技術研究所に所属し、製品に関わるさまざまな材料の研究に携わりました。航空ジェットエンジンやエネルギー関連など、宇宙に直接関わらないものも多かったのですが、仕事自体は楽しくて10年間くらい研究に没頭しました。一方、やはり宇宙への思いも捨てきれなくて。子どもが生まれて少し考える時間ができたこともあり、もともとの関心事であった民間による宇宙開発について思いを巡らせるようになりました。宇宙を盛り上げていくためには民間の技術力ももちろん大切ですが、やはりビジネスとしてどう扱うかが重要です。ビジネスとして推し進めていくには、自分自身にビジネスに関する体系的な知識をつけることが必要だと考えました」

　そんな中、高橋さんは会社の先輩を通してある選択肢に出会います。**オーストラリアの私立ボンド大学と日本のビジネス・ブレークスルー大学大学院が共同で運営する「Bond - BBT MBA」というMBAコースでした。**オンラインで受講できるという点で、フルタイムの仕事と子育てを抱えていた高橋さんにとって魅力的な選択肢だったと言います。

　「仕事を続けながら学べる手段があるとは知りませんでした。実際に先輩が働きながらBond - BBTでMBAを取得されたと知り、自分も挑戦してみたいと思いました。子育ても仕事も両立させたい自分にとってよい選択肢だと思いました」

　高橋さんはさっそくコースの説明会に足を運びます。そこで体験授業を受けたことで、高橋さんはコースの魅力に惚れ込みました。

　「川上真史先生の組織論に関する講義を受けました。これがものすごく面白かったのです。企業心理学をテーマとした講義だったのですが、組織の意思決定が間違った方向に行ってしまう過程につき、具体例を交えながら興味深く解説してくださりました。たとえば4人以上が参加する会議があるとします。そのなかで明らかに間違っていることでも3人以上が『正しい』と言うと、4人目以降もつられて同意してしまうということが起こります。組織ってこうやって間違えていくのか、会議ってこうしてこじれていくのかと実感し、興味を掻き立てられました。その講義を拝聴して、ここで学びたい、この先生のもとで学びたいと思いました」

●育児休暇中に出願準備を進める

　その後高橋さんはさっそく行動に出ます。当時第1子を妊娠していたこともあり、翌年の復職後の入学を目指して出願準備に取りかかりました。まずは夫の理解を得るところから始めたと言います。

　「最初はなかなか理解を示してもらえませんでした。1年以上かけて話し合いを続け、ようやく同意を得ることができました」

　出願に必要な書類の準備や英語試験対策なども育児休暇中に行いました。

　「出願にあたりさまざまな書類の準備が必要でした。願書や志望動機書を書いたり、母校から卒業証明書や成績表を取り寄せたりなど、すべて育休中に行いました。加えて推薦状が2枚必要だったので、知り合いにお願い

しました」

　出願準備のなかでも特に時間を割いたのは英語試験対策でした。

「Bond - BBT MBA では、オーストラリア現地の授業に参加するために TOEIC スコアの提出が必要でした。若干点数が満たなかったため、TOEIC 専門の語学学校に通って対策しました。自宅のある横浜から東京まで週に 1 回、半年間かけて通いスコアを満たしました」

●入学後の学習と生活について

　これらの準備期間を経て、高橋さんは晴れて Bond - BBT MBA に入学します。仕事と子育てをしながら大学院生として学ぶ日々が幕を開けました。

「必修授業と選択授業があり、関心に応じてさまざまな授業を受けることができました。私はマーケティングやファイナンス、財務会計や組織論等の授業を履修しました。この他ビジネス・ブレークスルー大学創設者である大前研一先生によるライブ授業や、オーストラリア現地での授業など、Bond - BBT ならではの特色ある授業が開講されていました。最後は自分たちでビジネスプランを作成し、オーストラリアのボンド大学で発表するという流れでした」

　なかでも印象に残っているのは**大前研一先生によるライブ授業とオーストラリア現地での授業**だったと振り返ります。

「週に一度、大前先生が実際にビジネス界で起こった旬な話題を取り上げてレクチャーしてくださる授業でした。大前先生の授業はわりと辛口なコメントが多くて、聞いているだけで面白かったです。オーストラリア現地の授業では、一度に2科目を詰め込んでしまった結果、睡眠時間が毎日2時間ほどになり大変でした。またボンド大学の先生方による普段の授業も印象的でした。アカデミック面の要求水準が高く、約3割の受講生が落とされるくらい厳しい科目もありました。みんなで力を合わせて乗り越えようと、週末にカフェで勉強会を開いて一生懸命取り組んだのがよい思い出です。語学面でも厳しく、一度先生に『君たちはMBAを取って世界のリーダーになるのに、そんな英語力ではだめだ』と怒られてしまったこともありました」

　仕事と子育て、学業という3つの柱を両立させるべく、日々工夫を重ね

ました。当時の1日の様子を次のように振り返ります。

「朝起きてまず朝食を用意し、子どもの支度をして保育園に預けます。その後レクチャーを2倍速で聴きながら通勤します。仕事が終わり、帰宅中にまたレクチャーを2倍速で聴きながら移動します。地元で夕食の買い物を済ませ、保育園で子どもをピックアップし、帰宅後は夕食を作ります。子どもに夕食を食べさせたらお風呂に入れ、寝かしつけます。そして子どもたちが寝静まったあとに自分だけ起きて勉強します。夜はクラスメイトとミーティングをしたりレポートを書いたりといった時間に充てていました」

多忙な日々の中、**学習へのモチベーションを保ち続けられた大きな要因はクラスメイトの存在だった**と語ります。

「夜は寝落ちとの闘いですが、みんなが待っていると思うと踏ん張れました。授業のほとんどはグループワークで、仲間との協力は欠かせませんでした。クラスメイトとは当時スカイプで頻繁にミーティングを行っていました。Bond - BBT MBAに集うメンバーは多様なバックグラウンドを持っており、私のように子育てをしている人もいれば、海外から受講している人もいました。都合のいい時間帯は人それぞれなので、メンバーによって会う時間帯を決めてやっていました。夜の10時頃から午前様という時間帯まで議論が白熱したこともしばしばで、翌日そのまま会社へ行くというパターンも珍しくありませんでした」

オンラインコースとはいえ、ときに対面も交えながらクラスメイトとの交流を深めていったと言います。

「オーストラリアの先生方の厳しい授業などは、皆で協力し合って対策していました。ファイナンス分野が得意な卒業生を講師にお招きして勉強会を開いたり、皆で集まって企業の社長にお話を伺いに行ったりもしました。卒業生との交流も盛んでした。期を超えた飲み会などを定期的に開催しており、そのような場で情報交換を行ったりしていました」

さまざまな課題をともに乗り越えたクラスメイトとの間には、いつしか強い絆が生まれていきました。

「入学前は、オンラインって正直どうなのだろうと思っていました。しかし実際にやってみると、**オンライン主体のコースでもここまで仲良くなれるのだと実感しました**」

●オーストラリア現地でのビジネスプランコンテスト

大学院生活の集大成は、オーストラリア現地でのビジネスプラン発表です。自ら考案したビジネスプランをボンド大学の教授陣の前で発表します。高橋さんもここが最後の山場だったと振り返ります。

「ビジネスプランを発表する以前にやるべきことがいくつかあります。おもにレポートの提出です。初期段階で提出するプロポーザル（提案書）、それを精緻化した中間報告書、そして最終報告書。これらと並行してプレゼンテーションの準備を進めます」

これらの準備を着々と進め、**いよいよオーストラリアのボンド大学現地でのプレゼンテーションを迎えました。**高橋さんが提案したのは教育関連事業のビジネスプランでした。

「挑戦してみたのですが、教育関係はかなり厳しかったです。教育関連のテーマに関心を持つ人が多かったこともあり、審査する側の基準も厳しく苦戦しました。でもここから実際に事業化していくクラスメイトもいて、起業を目指して入ってくる人はやはりすごいなと思いました」

●子ども3人を育てながらMBAに挑戦した日々

MBA生活と並行して、高橋さんは3人の子どもたちに恵まれます。

「大学院に入学したのは、第1子の育児休暇から復職した年でした。そこから1年間、仕事と子育てをしながら勉強を続けました。その後2人目の妊娠をきっかけに2年ほど休学し、2度目の育児休暇中にMBAを再開しました。大学院を修了するまでには約5年かかりました。3人目を授かったのは卒業が確定したあとのことでした」

それぞれ負荷の強い3つの役割を両立させようとするなかで、タイムマネジメントのスキルなどを磨けたと高橋さんは振り返ります。しかしそれ以上に身についたのは、自分自身に対する自信だったと振り返ります。

「MBAがなかったら、30代に何をしたかと聞かれても子育てとしか答えようがなかったかもしれません。企業で研究員としての仕事は続けていましたが、出産等でキャリアも断続的になっていました。**でもMBAに挑戦できたことで、胸を張って『私は子育てとMBAをやりました』と言えます。自分自身への自信にもつながり、よかったと感じています」**

●**大学院生活を振り返って**

　大学院での学びを通して自信という財産を手にした高橋さん。さらにキャリアの選択肢も広がったと振り返ります。

　「現在会社で新規事業を任せてもらえたり、やりたい仕事に手を挙げられたりするのはMBAのおかげだと思っています。卒業後に会社へMBAの取得を報告したところ、別の部署から声がかかり、研究予算管理という新しい仕事にリーダーとして携わる機会に恵まれました。その後現在の技術企画の部署に異動し、ようやく**念願の宇宙ビジネスに携われるようになりました**。私は研究所のなかではじめて母親になったこともあり、研究所でやっていくことに対して不安を感じていた時期もありました。しかし、**大学院で学び、MBAを取得したからこそ、新たな道が拓け、目標にも近づけたと思っています**」

　ともに学んだ仲間たちや、そこから広がる人的ネットワークも貴重な資産になっていると言います。

　「学んだ知識自体も役に立ちますが、それ以上にMBAを通して得られたネットワークが力を発揮しています。大学院で学ばなければ一生出会えなかったと思うほど、多種多様な業界の方と知り合うことができました。何かわからないことがあっても、その業界の人に直接話を聞けるのは大きな支えになっています。**知識自体は薄れていく場合もあるかもしれませんが、仲間はその逆で、どんどん濃くなり広がっていきます。それはとても嬉しいことですし、自分にとって大きな財産になっています**」

　大学院での学びを経て、現在高橋さんは念願の宇宙ビジネスの分野で活躍しています。宇宙観光サービスの実現化を通して、一般の人々が気軽に宇宙に行ける未来を目指し日々奮闘しています。

　「宇宙とは、実は高度100キロ以上の空間のことを指します。それ以下の空間はサブオービタルと言って、厳密には宇宙空間と区別されます。しかし高度30キロくらいまでいくと、地球の丸みがきれいに見えて、地球と月の美しい対比が観察できるような世界が広がっています。この30キロ地点くらいを目指していけば、人々がもっと安く気軽に宇宙に行けるようになります。その実現を目指して、取り組みを進めているところです」

●女性活躍推進という新たな軸

　大学院での学びは、宇宙以外のもうひとつの軸を高橋さんにもたらしました。

　「現在、会社のなかで女性活躍推進のリーダー職も担っています。重工メーカーということもあり、社内の男女比率でいうと現在男性が圧倒的多数を占めています。管理職における女性比率にいたっては、3％未満という厳しい現実があります。しかし会社として、今後きちんと女性を登用していこうという取り組みを現在行っています。女性管理職を増やしていかなければ女性が活躍することは難しいですし、女性が管理職に挑戦したいと思えるような職場にしていく必要があります。そのような取り組みを担うポジションとして、ネットワークリーダーという役割が社内にあり、私は横浜地区のリーダーとして活動しています。ダイバーシティ啓発に関するさまざまなイベントを行ったり、男性側への情報発信を行ったりしています」

　高橋さんの活動は社内の枠を超え、社会へも広がりを見せています。

　「セミナー講師として社外でも活動をはじめました。Bond - BBT時代の仲間に誘っていただいたことがきっかけで、企業のダイバーシティを啓発する活動に参加しています。私は特に女性活躍推進に焦点を当て、セミナーを開催したりさまざまな形で情報を発信したりしています」

　現在の活動に至る原体験は、研究所ではじめて母親になった体験だと振り返ります。

　「当時は研究員が子育てをしながら働くことに対し、まだまだ周囲の理解が薄いと感じていました。後輩には私のような思いを経験してほしくないし、男性と同じように活躍してほしい。そういう企業にしたいという思いをずっと持ち続けています。ただ状況を変えるためには、会社からきちんとしたポジションを与えてもらう必要がありました。そんな思いがいつしか通じたのか、あるとき人事からネットワークリーダーの打診が来ました。これもMBAがひとつのきっかけになっているかもしれません。社外での活動ができているのも、Bond - BBTの仲間が誘ってくれたおかげですし、私にとってはひとつのターニングポイントになっていると思います」

　高橋さんに今後の展望を伺ってみました。

　「今取り組んでいる宇宙観光サービス事業を成功させ、一般の方々が普通に宇宙に行ける世の中をいつか実現したいと思っています。宇宙観光サービス事業はひとつの企業の力だけで実現できるものではなく、さまざまな企業とのアライアンスが必要です。複数の企業にメリットを感じてもらえるような仕組みを考え、新たなビジネスを構築していきたいと考えています。また企業のダイバーシティ推進に関する活動も引き続き行っていきたいです」

●これからオンラインで大学院を目指す方々へメッセージ

　これからオンラインで大学院を目指す人々に、高橋さんからメッセージをいただきました。

　「**オンラインで学んでよかったことは、仕事や子育てをしながら学び続けられたことです。**オンラインでこれほど高度な教育が受けられたことは貴重な体験でしたし、限られた時間のなかで密度の濃い学びを得られました。一方、オンラインで受講することに対し不安を感じる方がいるのもよくわかります。どうしてもわからない問題があるときなど、直接人と会った方が解決しやすい場合があるのも事実です。状況が許すなら、対面も織り交ぜながら進めていくことがひとつの解決策になると思います。ただ今はオンラインとオフラインの境目すらなくなってきているように思います。オンラインという理由だけで躊躇するのであれば、**思い切って挑戦してみて、ぜひその世界を知ってほしいと思います。**いざ挑戦すればそこでたくさんの仲間ができて、リアル以上の絆が生まれたりもします。やらなくて後悔することはあっても、やって後悔することはないと思います」

　表4.2に、高橋さんのオンライン留学にかかった費用などをまとめました。ご参考にしてください。

表4.2　髙橋さんのオンライン留学費用

在籍期間	2009年5月～2014年3月
受講言語	英語＋日本語
当時かかった学費	300万円
学費以外にかかった費用	海外現地への渡航費（オーストラリア）、海外現地での宿泊費、語学試験（TOEIC）受験料

4.2.2　経験者に聞く (2)

①学習時間はどのように確保しましたか？

　夜子どもが寝静まったあとをおもな学習時間にしていました。日中は仕事と子育てで手一杯でしたが、動画の視聴など**すきま時間でできることを少しずつ進めていました**。授業の取り方も自分なりに工夫しました。1学期あたり3科目以上詰め込まれる方もいましたが、私は子育ても抱えていたため、1学期あたり2科目程度に抑えて負担が大きくならないようにしていました。

②仕事や家庭生活と両立させるためにどのような工夫をしていましたか？

　すべてにおいて60点を目指していました。仕事も60点、子育ても60点、学業も60点で合格とし、完璧を目指さないようにしていました。試験前などは夫の協力が欠かせなかったので、逆に普段は家事を多めにやっておくなど、夫婦間のバランスを取ることも心がけました。また**妊娠期には休学制度を利用して私生活を優先するなど、長期的な視点で両者のバランスを取っていました**。

③英語はどうやって対策しましたか？

　仕事で英語を使う機会があったため英語学習は継続してきましたが、オーストラリアの授業に参加するためにTOEICが必要となり、改めて対策をしました。具体的にはTOEIC対策専門の学校に通い、半年間のトレーニングを受けて目標点数に到達しました。入学後に求められる語学力につい

ては、実践しながら身につけていきました。

④オンラインでもクラスメイトと十分にコミュニケーションは取れますか？

　入学前はオンラインってどんなものだろうと思っていましたが、いざやってみるとオンラインでもここまで仲良くなれるのだということがわかりました。クラスメイトと夜中まで議論したり、オフラインで勉強会を開いたり、卒業生を講師に招いて授業をしていただいたり。皆で集まって起業家の方にお話を伺いに行ったこともあります。**MBAで学ばなければ一生出会えなかったような人たちと出会うことができ、卒業後もそのネットワークがより広く濃く発展していて、私にとって大切な資産になっています。**

⑤学習に対するモチベーションはどのように保っていましたか？

　私にとっては仲間が大きなモチベーションでした。夜にひとり起きて勉強するのが辛いときも、クラスメイトが待っていると思うと頑張ることができました。私は5年間在籍していたので、新しい仲間との出会いも楽しみでした。またなにより授業自体が楽しかったというのもあります。私はずっと理系だったので、MBAで取り上げられるような分野の授業は新鮮でした。**授業を受けるたびに視野が広がり、「こういう世界があったのか」と思えることが楽しかったです。**

4.3　Case #3　佐々木海さん

ジョージア工科大学（アメリカ）
Online Master of Science in Computer Science (OMSCS) 在学（※
2021年取材当時）
職業：ソフトウェアエンジニア

　「今の時代はオンラインでできることがたくさんあります。現在の仕事や生活を変えずにさまざまなことに挑戦できる時代です。**線路を変えるので**

はなく、細くてもいいから横にもう1本線路を敷いて併走してみる方法も
あると思います」

　佐々木海さんは、シリコンバレー発ITスタートアップの日本拠点でソフ
トウェアエンジニアとして働いています。また本業と並行してソフトウェ
ア関連の技術書を執筆したり、テック系カンファレンスで講演を行ったり
など、社内外の枠を超えて活躍の幅を広げています。そんな佐々木さんは、
現在米ジョージア工科大学のコンピューターサイエンス修士課程にオンラ
インで学んでいます。プライベートでは1児の父という顔も持つ佐々木さ
ん。これまでのキャリアを経て大学院で学び直すに至った経緯と、現在の
学習の様子について伺いました。

4.3.1　「機械学習の知識を生かしてAIの技術開発に貢献したい」 ― 大学院での学びを糧にエンジニアとしてさらなる高みを目指す

●大学の授業がきっかけでコンピューターサイエンスの道へ

　佐々木さんがコンピューターの面白さに目覚めたのは大学時代のことで
した。東京大学に在学中、コンピューターサイエンスを自身の専攻として選
択します。コンピューターそのものに対する興味というよりは、もともと
関心のあった数学やデータ分析を実現する道具としてコンピューターに興
味を持ったという佐々木さん。しかしいざ授業がはじまると、コンピュー
ターサイエンスの奥深さに魅了されます。

　「学科ではものすごい量の課題が出ました。毎週のようにコードを書く課
題が出て、ひたすら書いているうちにコンピューターの奥深さを知るよう
になりました。その後4年生のときにコンピューターのCPU（コンピュー
ターの演算や制御を担う装置）を作る演習がありました。4人1組のチーム
を作って実際にCPUを一から作ったのですが、これがとても面白くて。き
ちんと勉強すればこんなものも作れるようになると知り、コンピューターっ
て面白いなと思いました」

　その後、佐々木さんは新卒でヤフー株式会社に入社し、ソフトウェアエ
ンジニアとしてのキャリアを本格的にスタートさせました。

「ヤフーではデータベースやITインフラなど、サービスの根幹に関わる技術開発を担当していました。ユーザーの目に直接触れる部分ではありませんが、コアな部分に携われるのが楽しくて、さらに勉強したいという思いが芽生えてきました」

自身の専門性にさらに磨きをかけるべく、佐々木さんは現職のスタートアップに転職します。

「現職はシリコンバレー発のITスタートアップです。ビッグデータを扱うサービスを展開しており、データベース等の要素技術に特化できると思ったのが転職を決めた理由です。ヤフーよりも小さな会社ですが、ビジネスにも伸びしろがあり、面白そうだったのも決め手となりました」

現職でソフトフェアエンジニアとしての専門性を磨く中、佐々木さんは大学院への進学を意識しはじめます。現職で生かせる知識を身につけたいとの思いに加え、将来に備えてキャリアの選択肢を広げておきたいという思いもありました。

「今後もエンジニアリングの分野で働いていくことを考えると、修士課程に行ってより専門的な勉強をする必要があると思いました。コンピューターサイエンス系の求人の多くは修士号以上を応募要件にしています。また、私は将来アメリカで働きたいという目標を持っています。アメリカ西海岸はテック系企業の一大集積地であり、自分もいつかそのような環境で働いてみたいと思っています。アメリカ国内の大学院を修了すると、移住の際のビザ選考で有利に働く場合があり、その点でもメリットが期待できると考えました」

大学院への進学を決意した佐々木さんは、さっそく大学選びに取りかかります。将来の移住も見据え、アメリカ国内の大学に絞って検討をはじめました。さらに佐々木さんにはもうひとつ譲れない条件がありました。

「**エンジニアとしてのキャリアを中断したくなかったので、完全にオンラインで学べることは私のなかで必須条件でした。**社会人が大学院等で学ぶ場合、勤務先の長期研修制度を利用するか、一度退職したうえで大学院に入り直すのが一般的です。いずれにしてもキャリアを一度中断する必要があります。しかし私自身は極力そういう選択肢を取りたくありませんでした。コンピューターサイエンスの世界は日々変化しています。その現場に

身を置きつつ、ビジネスの現場で今まさに起こっていることに触れながらインプットを増やし続けられることが理想でした。また将来的なアメリカ移住を見据えたとき、仕事の現場から長期間離れることはキャリアおよび経済の両面から見ても得策と思えませんでした。これらの点から検討して私にはオンラインという選択肢が最適だと思いました」

こうして佐々木さんは、オンラインで学べるアメリカの大学院に絞って選択肢を探しはじめます。

「いくつかの大学院を比較しましたが、完全にオンラインで学べるコースに絞るとそこまで選択肢が多いわけではありませんでした。コロナ禍以降は状況が変わっている可能性もありますが、私が大学探しをしていた2018年頃は、オンラインのみで受講できるコンピューターサイエンス分野の修士課程はまだ珍しい存在でした」

●ジョージア工科大学との出会い

そんななか目に留まったのが、アメリカのジョージア工科大学が提供するコンピューターサイエンスの修士号でした。OMSCSという略称で知られるこのコース（正式名称：Online Master of Science in Computer Science）は、アメリカ現地への通学を一切必要とせず、オンラインのみで修士課程を目指せるカリキュラムとなっています。2013年に開講して以来実験的な試みで知られており、2016年にはAIのティーチング・アシスタント「ジル・ワトソン」を開発して実際に授業に取り入れるなど話題を集めました。アメリカの大手通信企業AT＆Tの支援を受け、オンラインプラットフォームを活用してコスト削減を図っていることから、学費が比較的安価に抑えられていることでも知られています。

「ジョージア工科大学のOMSCSはオンラインのコンピューターサイエンス修士課程のなかでも老舗であり、その点で安心感がありました。また学費が安価な点も魅力で、ジョージア工科大学で学ぶことを決めました」

佐々木さんはさっそく出願準備に取りかかります。出願プロセスそのものは複雑でなかったものの、ある程度の準備期間が必要だったと佐々木さんは振り返ります。

「大学の卒業証明書と成績書、エッセイ、推薦状、そしてTOEFLのスコア

が必要でした。これらを揃えるだけでも数ヶ月かかりました。私はTOEFLのスコアを持っていなかったので一から受験しました。公式問題集を2冊購入し、何度も解いて対策しました。推薦状は合計3枚必要でした。前職の上司および大学時代の恩師などにお願いしました」

●入学後の学習と生活について

こうして日本でエンジニアとして働きながらジョージア工科大学で大学院生として学ぶ生活が幕を開けました。佐々木さんが専攻するOMSCSは4つの細かい専門領域に分かれています。自身の関心に合わせて専攻を決め、その分野に特化した知識を深められる仕組みになっています。

「私はマシーンラーニング（機械学習）を専攻しています。AIの基盤となる技術であり、今後のキャリア形成に役立つと思い選択しました。他にはロボティクスや演算システムといった専攻領域があります」

常に先進的な試みで注目を集めるジョージア工科大学のOMSCSでは、普段の授業においてもさまざまな実験的な取り組みを取り入れています。

「授業はすべてオンラインのプラットフォーム上で行われます。動画レクチャーを視聴し、2週間に一度のペースで課題をこなしていく構成です。課題はおもに3つのタイプに分かれます。コードを書いて提出する課題、テスト形式の試験、そしてレポートです。最も多いのはコードを書いて提出する課題です。システムによって自動的に採点される場合もあれば、教員などが直接見て評価する場合もあります。テストは基本的に自宅で受けます。この際カンニング防止対策として、大学側が指定するいくつかのツールをコンピューターにインストールして試験を受けます。ひとつはウェブカメラで、部屋に他人がいないことを証明するために設置します。もうひとつは試験監督用のソフトウェア。自身のパソコンにインストールし、他のソフトウェアを同時起動していないかなどをチェックするものです。これらの仕組みによりカンニングなどの不正行為はできないようになっています。レクチャーや参考資料など学習に必要なものは、すべてオンラインのプラットフォーム上に集約されています。このため個別に何かを買い足したりする必要はありません。コストの面でも非常に助かっています」

仕事および私生活と両立させるため、すきま時間も活用しながら地道に

学習を進めていきます。

　「毎週オンラインのプラットフォーム上にその週のレクチャー動画と課題が公開されます。動画を視聴するタイミングは特に決められていないので、自分の都合がつくときに視聴します。そして課題に取りかかります。**1日あたりの学習時間はおよそ1〜2時間程度です**。週に換算すると8時間程度になります。ただ仕事や家庭があるので、毎日まとまった時間が取れるわけではありません。**1日のなかですきま時間を見つけて、地道に学習を進めるようにしています**」

　コードやレポート等の個人学習に加え、クラスメイトと協力して取り組むグループワーク形式の課題も出ます。

　「グループワークにもさまざまな種類があります。たとえば過去に実際に取り組んだものとして、ある病院の集中治療室での患者生存率についてデータをもとに予測するプロジェクトがありました。集中治療室での滞在時間や投薬の種類、投薬回数、各患者の年齢や病歴など、複数のデータを組み合わせて予測を行いました。分析手法や使用ツール等は各グループの裁量に任されており、自分たちで一から決めて進めていきました。こういったリサーチ色の強いプロジェクトもあれば、プロダクトやソフトフェアを黙々と作っていくようなものまで、さまざまなタイプの課題があります」

　クラスメイト間のコミュニケーションやチームの作り方なども、各自の裁量に任されることが多いと言います。

　「たいてい3〜4人でチームを組んで課題に取り組みます。誰とどのようにチームを組むかは決まっていません。たいていプラットフォーム上の掲示板で声を掛け合い、反応があった人たち同士でチームを組みます。チームメイト間のやりとりはおもにビジネスチャット用ツールを使っています」

　チームメイトとのコラボレーションから多くを学べる反面、グループワークならではの課題もあると佐々木さんは指摘します。

　「グループワークではたいてい学期の最初にチームを組みますが、学期の途中でメンバーが抜けていってしまう場合があります。オンライン授業にはよくあることかもしれませんが、仕事や家庭で忙しくなったりモチベーションが続かなかったりして、ドロップアウトしてしまう人が出てくるのです。すると少人数ないしはひとりで課題を完成させなければならなくな

り、負担が偏るという側面もあります。一方、大学側にはその点をあまり考慮してもらえません。人がいなくなったから完成できなかったというのは理由にならないので、メンバーが脱落していってしまうとつらいものがあります。**グループワークは学びも多い分、不確定要素が増えるためシビアな面もあります**」

　普段の学習では教員やティーチング・アシスタント (TA) とも密に交流します。特にTAは普段の学習のサポートや課題の評価など、OMSCSにおける実質的な教育活動を担う存在です。

　「TAの方々には、普段の学習においてさまざまな面からサポートしていただいています。課題に取り組むなかで疑問や質問が出てきたときも、フォーラム上で質問をすればたいていTAの方々が反応してくれます。レスポンスも早く、とても頼りになる存在です。課題の採点等も基本的にTAが担当します。採点結果に疑問や異論がある場合は、TAに相談すれば再評価などに応じてくれます。僕たちにとっては教授陣よりも身近な存在です」

　ジョージア工科大学のTAといえば、世界初のAIティーチング・アシスタントとして2016年にデビューしたジル・ワトソンが有名です。

　「出会ったことがあるかは正直わからないですね。少なくとも見た目からはまったく判別できません。でも確かにみんなものすごくレスポンスが早いです。人間なのかなと思うくらい。私からするととても助かりますが、もしかしたら機械だからかもしれない（笑)」

●仕事および家庭生活との両立

　エンジニアの仕事と学業を併走するかたわら、家庭では小さなお子さんの父親という顔も持つ佐々木さん。3つの役割を両立させるべく、普段の生活のなかでさまざまな工夫を重ねています。

　「朝は娘を保育園に預け、仕事を開始します。完全裁量労働制なので働く時間帯は固定されていません。仕事が一段落したタイミングなど、すきま時間を見つけて学習の方も地道に進めていきます。夕方まで働いたあと、子どもの面倒を見つつ夕食をとります。夜に子どもが寝静まったら、また少し勉強をして自分も就寝します。おおよそ毎日こんな流れで生活しています」

　それぞれ負荷の強い3つの役割をこなしていくうえで、すきま時間の活用は欠かせないと佐々木さんは語ります。

　「1日のなかで3つの物事を進めようとすると、どれに対してもまとまった時間はあまり取れません。まとまった時間を期待すると結局何もできないまま時間だけが過ぎていきます。**すきまや細切れの時間をこつこつと積み重ねて、1日あたり1、2時間の勉強時間を積み上げていくようにしています**」

●佐々木さんの現在地

　将来のキャリアを見据え、仕事と学業に邁進する佐々木さん。その活躍の場は社内外の枠を超え、さまざまな場所へと広がりを見せています。エンジニアとして働くかたわらソフトウェア関連の技術書を立て続けに執筆し、2019年には初の単著を刊行しました。海外のテックカンファレンス等にも積極的に参加し、講演等を通して自身の専門性を広く社会に還元しています。またオープンソースのソフトウェア開発にも継続的に貢献するなど、枠にとらわれず活躍の場を広げています。

　「どの活動も対外的なプレゼンスを発揮したいという動機で続けています。将来的に独立したいといった野望があるわけではありませんが、ひとつの場所にとらわれずに働ける環境の方が自分には向いています。ひとつの環境や役割にこだわらず、これからも自分が学んだ知識や経験を広く社会に発信し続けていきたいと思っています。そのためにも今は自身のなかにインプットを蓄積しているところです。大学院で学んだことをよくブログに書いたりするのですが、そういったことができるのもやはり勉強しているおかげだと思っています。執筆活動なども、ブログを読んでくださった編集者から声をかけていただいたのがきっかけでした。これからもインプットを増やしながら、ブログや社外活動を通して継続的に社会への発信を続けていきたいです」

　大学院での学びは他にも佐々木さんにさまざまな収穫をもたらしました。

　「**コンピューターサイエンスに関する基本的な知識を改めて整理できたのはひとつのメリットでした。**基本的なコンピューターサイエンスの知識はどんなときでも役立ちます。たとえば私が専門とするビッグデータの領域

では、アルゴリズムの知識に加え、システムそのものに関する深い知識を持つことでより正確にシステムを運用できるようになります。よりよいパフォーマンスや安定性を追求するためには、ベースとなる知識をしっかり持つことが欠かせません。私自身は学部時代からコンピューターサイエンスを専攻しエンジニアとしての職歴もあるので、すべてがゼロからの学びというわけではありませんでした。しかしそれでもはじめて知る概念や技術があり、よい学び直しの機会になっていると思います」

　普段の仕事にも生かせる実用的な学びも得られたと振り返ります。

　「過去に受講したソフトウェアテストに関する授業などは普段の仕事にも直結する内容でした。テストとは、そのソフトウェアが正しく動作しているかを確認するために必要な作業です。私自身もソフトウェアを開発する際に必ず行いますが、実際の現場では経験則に基づいたやり方で実施されている場合が多くあります。しかし、ソフトウェアテストにもきちんと理論や原則があり、それを知ることでより正確なテストが書けるようになります。**単にツールを表面的に使うのでなく、そういった理論をきちんと勉強できたのはよかったと思います**」

　ジョージア工科大学での学びも佳境を迎え、佐々木さんはその先のステップを見据えはじめています。

　「残り２コース履修すれば修了という段階まで来ました（※取材当時）。修了すれば機械学習を専門とした学位が手に入るので、キャリアの選択肢がさらに広がることを期待しています。現在学んでいる機械学習分野の知識を生かし、将来はAIの技術開発の方に徐々にシフトしていけたらと思っています。また機会があれば海外での就労も経験してみたいです。さらに、いつか博士課程へも挑戦してみたいという新たな目標もできました。現時点ではフルリモートで取得できるコンピューターサイエンス分野の博士課程は存在しないようですが、将来的にはそういった選択肢が出てくることを期待しています」

●**これから海外の大学院を目指す方々へ**

　今後オンラインで海外の大学院を目指す方々に向けて、佐々木さんからメッセージをいただきました。

　「社会人が大学院で学ぶにはさまざまな方法があります。会社の休職制度を活用する人もいれば、退職して大学院に入り直す人もいるでしょう。どのような選択肢も個人の自由であり、尊重されるべきです。しかし、**今の時代は休職や退職だけが選択肢ではありません。**オンラインでできることはたくさんあります。現在の仕事や生活を変えずにさまざまなことに挑戦できる時代です。何か新しいことを学びたいと思うなら、線路を変えるのではなく、細くてもいいからもう1本の線路を横に敷いて併走してみるという方法もあります。線路を変えるのには勇気がいりますし、引き返したいと思ったときには戻る道が断たれている可能性もあります。戻れる場所を確保しつつ、新たな道を模索することを可能にするのがオンライン教育のひとつの側面だと思います。**今やっていることを止めずに何か新しいことを学びたいと思うのなら、挑戦する価値はあると思います**」

　表4.3に、佐々木さんのオンライン留学にかかった費用などをまとめました。ご参考にしてください。

表4.3　佐々木さんのオンライン留学費用

在籍期間	2019年10月〜2022年4月
受講言語	英語
当時かかった学費	約7,000米ドル
学費以外にかかった費用	語学試験（TOEFL）受験料

4.3.2　経験者に聞く (3)

①学習時間はどのように確保していますか？

　子どもの就寝後と週末をおもな学習時間にして、週あたり8時間程度を確保しています。細かい学習スケジュールは決めず、10分でも時間が空いたら動画レクチャーを1本見たり、ノートを見返して復習したりするなど、すきま時間を積み上げながら学習を進めています。

②仕事や家庭生活と両立させるためにどのような工夫をしていますか？

　私生活との両立においては、**極力家のことを疎かにしないよう**、保育園への送り迎えなどできることを行っています。平日は基本的に仕事と家庭、

勉強の3つで精一杯になってしまうので、それ以外の細かいことはしないようにしています。仕事との両立においては、裁量労働制ということもあり、細かい調整が必要なことは今のところありません。

③英語はどうやって対策しましたか？

　勤務先が外資系企業ということもあり、普段から英語を使って仕事をする機会が多いため、普段の学習のための対策は特にしていません。ただコンピューターサイエンスの分野では新しい用語が日々増えていくので、学習するうえでそこは押さえていく必要があります。そのときに役立つのがコースウェア上のフォーラム（掲示板）です。疑問に思ったところはたいていすでに誰かが質問しているので、その内容を参考にしています。**学生の母集団が多いため、誰かしら同じ課題に直面している可能性が高いのも利点かもしれません。**

④オンラインでもクラスメイトと十分にコミュニケーションは取れますか？

　普段の学習では、おもに**フォーラムで他のクラスメイトと交流しています**。また時々プロジェクトワークと言ってチームで取り組む課題が出ます。3～4人でグループを組み、グループで協力しながらプロダクトを完成させたりデータ分析に取り組んだりする課題です。あとはTAとコミュニケーションを取る機会が多くあります。わからないことがあったら質問したりなど、学習のさまざまな面でサポートしてもらっています。

⑤学習に対するモチベーションはどのように保っていますか？

　初心を振り返ることでモチベーションにつなげています。この経験が将来どのように役に立つかを具体的にイメージしたり、今学んでいる機械学習分野の論文を読んで将来のイメージにつなげたりなど、次のステップを具体的に想像することも役立ちます。コンピューターサイエンス業界の求人情報を見たりするのも将来のイメージを膨らませるうえで有効です。

4.4　Case #4　小迫正実さん

リヴァプール大学（イギリス）
Master of Public Health (MPH) 修了
職業：医療法人鉄蕉会亀田総合病院 経営管理本部経営企画部 プロジェクト・マネージャー（※2021年取材当時）
一般社団法人 Healthcare Ops 代表理事

　「大学院で学んだことで、キャリアに関する迷いを払拭することができました。高校生のときに思い描いた目標に対し、思い切りバットを振る土台を整えられたと思います」

　医療法人鉄蕉会 亀田総合病院に勤務する小迫正実さん（※2021年取材当時）。病院経営の最前線で、病院のデジタル化や企業との協業による新規事業立ち上げなどに勤しんでいます。そんな小迫さんもまた、オンラインで海外大学院に学んだひとりです。
　「現在おもに3つの事業を担当しています。ひとつは新規事業の開発。複数の企業と協業して事業の立ち上げや企画を行っています。もうひとつは法人内のデジタル化推進。患者様の受診体験の向上や、職員の働き方の効率化等に取り組んでいます。もうひとつは健診事業。法人内のクリニックで、人間ドック等の企画実施の支援をしています。またこれらと並行し、コロナ禍以降の突発案件として海外渡航前PCR検査などにも携わっています」
　小迫さんが病院経営というキャリアを志した原体験は、高校時代にさかのぼります。

4.4.1　「病院業界での先行事例を通して人々の健康に寄与したい」— フィリピンでの原体験を胸に病院経営のキャリアをひた走る

●病院経営を志した原体験 —フィリピンで目にしたスラム街の現状
　高校1年生のとき、小迫さんは短期交換留学でフィリピンを訪れます。現地滞在中に訪問したとあるスラム街の光景が小迫さんに衝撃を与えまし

た。医療や医薬品が行き届かない田舎町で小迫さんが目にしたのは次のような光景でした。下痢や肺炎で命を落としていく子どもたち。子どもの教育よりも労働を優先せざるを得ない過酷な家庭状況——。

「医者になりたいという考えを抱いた時期もありました。しかしスラム街の惨状を目にしたとき、医師として一人ひとりに向き合うことも大切だけれど、社会や経済を動かさなければ途上国の問題は解決しないという考えに至りました」

帰国後、たまたま目にしたテレビのドキュメンタリー番組が小迫さんのその後を方向づけることになります。

「アメリカの病院経営をテーマにしたドキュメンタリー番組をたまたま放送していました。そこではアメリカの病院における医師と経営側の対等な協力関係が描かれていました。アメリカの病院では医師と経営側の立場がそれぞれ独立しており、経営側は経営に関する専門知識をもって病院の運営にあたっていることを知りました。そこから病院経営という仕事に興味を持ちはじめました」

高校時代を通して病院経営という仕事への興味を温め続けた小迫さん。慶應義塾大学で経済学を学んだ後、新卒で聖路加国際病院に入職しました。

「聖路加国際病院では若いうちからさまざまなプロジェクトを任せていただきました。病院を横断的に見ることができたのはとても貴重な経験でした。一方、データ分析等の業務を通してITに関する病院経営の課題も見えてくるようになりました。折しもIT企業が社会で勢いを増しており、データ×ITの分野に課題解決の糸口を感じてIT企業への転職を決めました」

次なるキャリアとして小迫さんが選んだのは、ヤフー株式会社でのプロジェクト・マネージャー職でした。ヤフーに勤務するかたわら、小迫さんは大学院への進学を意識するようになります。仕事で多くのことを学べば学ぶほど、自分のなかでの課題が明確になっていったと振り返ります。

「ヤフーに勤める以前から、いつかはまた病院経営の道に戻りたいという思いがありました。ヤフーは仕事と私生活のバランスを取りやすい環境だったので、夕方以降の時間は自分の好きなように使うことができたこともあり、昔から考えていた大学院への進学について検討しはじめました」

小迫さんが大学院への進学を検討した背景にはいくつかの理由がありま

した。

「まず聖路加国際病院時代に抱いた『IT×医療で世の中をよくしたい』という原点があります。それを具体的に形にするためには、さらに多くのことを学ぶ必要がありました。さらに前職の職場環境からも影響を受けました。聖路加国際病院時代に所属していた部署では、多くの方が修士課程以上を修了していました。私の上司も病院経営学の修士号を持っていました。そのような環境で働いた経験から、病院経営の分野で生き残っていくためには自分もいつか修士号を取る必要があると考えるようになりました」

病院経営に生かせる修士課程にはいくつかの選択肢があります。医療職に修了者が多い公衆衛生学修士号(MPH)や、経営学を専門に学ぶMBA、さらに病院経営学に特化した病院経営学修士(MHA)など。複数の選択肢を検討し、小迫さんは公衆衛生学修士号(MPH)を目指すことを決めます。

「MHAやMBAはビジネスや経営について深く扱う学問です。私はヤフーでビジネスについて直接学ぶ機会に恵まれたため、**公衆衛生や医療そのものへの理解を深めるためにMPHへ進むことが得策だと考えました**」

●教育×オンラインの可能性を試したい

こうして小迫さんは大学院への進学を決意します。海外留学などの選択肢があるなか、小迫さんが選んだのは日本で働きながらオンラインで学ぶという方法でした。

「オンラインで学ぶ道を選んだ理由はいくつかありますが、**最大の理由はキャリアを中断したくなかったことです**。IT業界で働く経験は私にとって必要なことでした。当時は仕事のうえでも順調にステップアップしており、リーダー職やサービスマネージャーという事業責任者にあたるポジションを任せてもらっていました。そんななかキャリアを中断して留学する選択肢は自分のなかにありませんでした」

加えて小迫さんにはもうひとつの思いがありました。

「IT×教育の可能性を試してみたいという思いがありました。当時ヤフーでお世話になった上司の言葉で印象的なものがあります。『インターネットで変えられるものは世の中に3つある。教育、貧困、そして医療』だと。それを聞いて、私はいずれなんらかの形でこれらすべてに関わりたいと思

いました。**オンラインで学ぶという選択肢は、私にとってIT×教育の可能性を試すよい機会でした**」

　これらの理由から、小迫さんはオンラインで学べるコースに絞って大学探しをスタートします。前職時代の上司の影響でアメリカの大学を中心に検討する中、ひとつの壁に行き当たります。

　「アメリカの大学院は全体的に学費が高額でした。視野を広げてイギリスの大学院も調べたところ、予算に合うコースがいくつか出てきました。内容や入学要件等で絞り込み、最終的に5つの大学が候補に残りました」

　大学を選ぶにあたり、小迫さんにはいくつか譲れない条件がありました。「完全にオンラインで学べること、そして世界大学ランキングで上位200位に入っていることが条件でした。さらに英語試験対策にあまり時間を割きたくなかったので、TOEFLの点数などを見て自分の現在の実力に近いところを選択肢に残しました」

　それらすべての条件を満たしたのが、イギリスのリヴァプール大学のMPHコースでした。リヴァプール大学は、ノーベル賞受賞者なども多数輩出するイギリスの名門大学のひとつです。加えて入学前からのサポート体制が充実していたことも最終的な決め手となりました。

　「大学選びをしていた段階からさまざまな大学にメールで問い合わせをしていました。そのなかで対応が一番丁寧だったのがリヴァプール大学でした。特に出願時のサポート体制が充実していました。入学前の段階から受験者一人ひとりにチューターがつき、エッセイの内容などを細かく添削してくれるのです。リヴァプール大学は当時から、ラッセルグループ（イギリス国内の研究型大学24校による構成団体）でオンライン教育におけるナンバーワンを目指していました。**すでにオンラインで学ぶことを決めていた私としては、サポート体制の充実ぶりはとても魅力的でした**」

●**入学後の学習と生活について**

　公衆衛生学と一口に言ってもさまざまな領域があります。疫学研究や保健衛生など医療に直結する領域から、医療分野における組織論など社会学寄りの領域まで。小迫さんが自身の専攻に選んだのは、後者にあたる「Management of Health Systems」（医療システムマネジメント）という

領域でした。

「おもに医療業界の組織間マネジメントについて扱う領域です。組織の意思決定や力学など、組織や人に関わることがおもな研究テーマです。たとえば日本でも厚生労働省や地方自治体、保健所など、医療に関わる組織が数多く存在します。これらの関係をいかにマネジメントすれば市民によりよい医療を提供できるか、といったテーマが対象になります。私の専門はプロジェクトマネジメントなので、組織間のコミュニケーションがいかに医療のデリバリーに影響を及ぼすかなど、社会的なテーマの方により関心が向きました」

いざ学習が始まると、課題に追われる多忙な日々が幕を開けました。

「2週間おきに3種類の課題が出ました。個人で書くレポートと、グループで取り組むレポート、さらにエッセイ。個人のレポートは自分のペースで取り組めますが、グループの方は話し合いが必須になります。まずはグループでディスカッションを行い、水曜日の締め切りに向けて皆で協力してひとつのレポートを仕上げます。ここまでで1週間。翌週は個人レポートとエッセイを並行して仕上げていきます。加えて課題リーディングも読み進めなければなりません。週に5本のペースで学術論文を読み進めます。**平日は限られた時間でできることを進めて、週末に一気に仕上げる**というスケジュールで進めていました」

フルタイムの仕事を抱えつつこれほどの量の課題と向き合うには、学習時間の確保が鍵となりました。

「勉強する時間を毎日固定していました。平日の朝は基本的に教材や論文を読むことに費やしました。出勤前に会社のビルに入っているカフェで小一時間、ほぼ毎日何かしら読んでいました。一方、夜の時間帯は書くことに集中しました。さらに週末は、**土日のどちらかをまるごと勉強に割いていました。ただもう一方の日は必ず妻と過ごすための時間に充てました**」

● 世界中から集うクラスメイトとの交流

ともに学ぶクラスメイトは世界中から集っていました。欧米圏だけでなく、アフリカやアジア、カリブ諸国など、世界のあらゆる地域から参加していました。

　「なかでも南アフリカとナイジェリアのクラスメイトと親しくなり、頻繁にコミュニケーションをとっていました。この課題ってどうやってやったらいいのかなとか、気軽に相談し合える仲でした」

　多様なクラスメイトたちと協働するなか、小迫さんは持ち前のプロジェクトマネジメントスキルを発揮します。

　「課題の最初の立ち上げとタスクの割り振りはおもに私が担当していました。これには時差の理由もありました。課題の締め切りが各国標準時間の 24 時に設定されていたため、日本にいる私の締め切りがたいてい一番先だったのです。そのため前半は私が頑張って、後半を時差が遅い国に住むクラスメイトが締めてくれるという流れが固定されていきました」

　グループで課題に取り組むなか、クラスメイトの間には強い連帯感が生まれていきました。

　「**役割分担しながら課題を進めるなかで、自然と協力関係ができあがっていきました。**『ここまで仕上げてくれたからあとは私が』といったふうにフォローし合える関係性ができていきました。とはいえ、いつも皆ギリギリのところで頑張っていました。南アフリカはあと 5 時間、などと言いながらいつも追い込みをかけていました」

　クラスメイトとコミュニケーションを取るうえで、小迫さんには普段から心がけていたいくつかのルールがありました。

　「**ひとつは質問の内容を明確にすること**です。イエス・ノーで答えられる質問にするか、ポイントを絞って訊く。たとえばこの課題はいつ、誰が、何時までにやるかということを事前に明確にしておくことで後々の混乱を防げます。あとはチームメンバー間の取り組み姿勢を見極めることも大切です。たとえば 5 人でグループを組むと、だいたい 1.5 人くらいの割合で何もやらない人が出てきたりします。それも前提にしたうえで役割を振り分けないと、課題が終わらず自分たちが困ることになります。**人の見極めはとても重要なことでした**」

●子育てと修士論文を両立させた育児休暇

　リヴァプール大学に入学して 3 年目の秋、小迫さんと妻の間に待望の第 1 子が誕生します。

　「修士論文の提出まで残り3ヶ月というタイミングでした。妻が早めに仕事復帰をしたこともあり、途中から私が育児休暇を取得しました。そこから子ども中心の生活スタイルに切り替わりました。日中は子どもの世話、夜は修士論文の執筆という生活がはじまりました」

　新しい生活スタイルに適応すべく、小迫さんは工夫を重ねました。

　「娘が起きている日中に学習を進めることはほぼ不可能なので、**もっぱら夜の時間を学習に充てました。日中は細切れ時間をうまく活用していました。**昼間は児童館に行って思い切り娘と遊び、お昼寝のタイミングを見計らって論文を読み進めるなど、すきま時間でできることを進めていました。そして夜9時に娘を寝かしつけた後、近所のカフェに駆け込み論文を書く生活を続けました」

　約2年半にわたる大学院生活の集大成が修士論文でした。研究テーマを確定するまでが長い道のりだったと小迫さんは振り返ります。

　「もともと『アフリカにおけるモバイル端末の普及と健康への寄与』というテーマで論文を書くつもりでした。しかしテーマが壮大かつデータが揃っていなかったこともあり、テーマを変更することになりました。最終的にモンゴルの子宮頸がんスクリーニングをテーマにしたのですが、そこに至るまでにプロポーザルを13回も修正しました」

　研究を開始したあともさまざまな難題が立ちはだかりました。なかでも先行研究の調査に手を焼いたと小迫さんは振り返ります。読み込んだ学術論文の抄訳は実に300本分。それらを2日で読み、実際に引用する論文を数十本に絞り込んで一つひとつ丁寧に読み進めました。長い研究過程において役立ったのは、ヤフー時代の経験だったと振り返ります。

　「ヤフー時代はビッグデータを扱う部署にいて、分析案件の支援を多く担当していました。業務を進めるうえで課題設定の大切さは理解しており、その感覚を研究にも生かせたと思います。研究テーマを確定するまでに何度もプロポーザルを書き直したのは大変な作業でしたが、ここを疎かにするわけにはいかないと思っていました。**研究テーマを最初の段階でしっかり練り上げることができたからこそ、その後のプロセスは比較的スムーズにいったと思います**」

●大学院生活を振り返って

　大学院での学びは小迫さんにさまざまな収穫をもたらしました。

　「まず公衆衛生学の全体を概観できたのはひとつの前進でした。知らないことを知ることができるのは自分にとって大きな喜びです。また応用可能なスキルも身につきました。**問題の本質を見極める力や仮説を立てる力など、どんな場面でも役に立つスキルが得られたと思います**」

　また自身の内面にも変化が起こったと言います。

　「**物事をやりきる力がついたと感じています**。いわゆるグリット（GRIT）と呼ばれるような、最後まで物事をやり遂げる力です。もともと私はこの点にあまり自信がありませんでした。しかし2年半の学業をやり遂げたことで、自分のなかのグリットを磨けたと感じています」

　さらに大学院で学んだことで、将来への迷いが払拭されたと語ります。

　「**大学院で学んだことで、キャリアに関する迷いを払拭することができました**。20代の頃は自分の将来に関して中途半端な悩みを抱えることもありました。しかしリヴァプール大学での学びを経て、今は目の前のことに純粋に集中できるようになりました。高校1年生のときに思い描いた目標に対して、思い切りバットを振る土台を整えられたと思います。今は『バッターボックスに立て』と言われれば、自信を持って『はい』と答えられます。そして球が来たらそれを打つことに心から集中することができます」

●小迫さんの現在とこれから

　大学院での学習を終え、小迫さんは再び病院経営の道に戻ります。リヴァプール大学卒業後の2019年、亀田総合病院へ転職。以来、病院のデジタル化や新規事業開発などの仕事に従事しています。

　「現在は医療のデジタル化に取り組んでいます。たとえば患者様が自身の医療情報を一元的に管理できるアプリの導入などを推進しています。自分がいつ受診し、どのような薬を処方されたかといった情報を患者様自身が手元で保管できるサービスです。さらに同じアプリのなかで医療費の決済を行えるような機能も導入しようとしています。このような医療のデジタル化事例を当院で先行してたくさん作っていきたいと思っています」

　亀田総合病院での仕事と並行して、リヴァプール大学在学中に一般社団

法人の立ち上げも経験しました。

　「日本もアメリカのように医師と経営側がうまく協力し合って病院経営を行っていくのが理想だと考えています。現状、日本では経営に関わる重要なポジションを医師のみが担っています。そのような状況下で非医療職がいかに立ち回っていくかについて、紙面などでは一部議論されているものの、インターネットなどにはまだまだ情報が少ないのが現状です。情報がないなら自分から発信するしかないと思い、病院経営に関する情報発信のためのウェブマガジンを立ち上げました。並行して病院×ITをテーマに、ヘルステックベンチャーを経営する友人たちと勉強会なども実施しています」

●オンラインで学んだ感想

　2年半オンラインで学習した感想を振り返っていただきました。

　「もともとインターネットやパソコンが好きということもあり、オンラインで学ぶことに特段不自由などは感じませんでした。対面型と比較してどうだったかと聞かれると、それはわかりません。もちろん、現地に留学していたらもっと語学力は上がったかもしれませんし、親友もできたかもしれません。しかしオンラインという選択肢を取ったからといって、失われたものがあるかというと特にない気がします。現地に行っていたら得られたものもあったかもしれませんが、ヤフーでのキャリアを私は優先しました。妻との時間も優先し、妻のキャリアも継続することができました。子どももできました。**どちらを選んでもよい面はあったはずですが、どちらに行ったからマイナス面があったというのは特に感じません**」

　一方、生半可な気持ちで大学院を目指すことに対し、小迫さんは警鐘を鳴らします。

　「**自身の内側からくる志や目標がない場合、オンライン大学院はあまりおすすめしません。厳しい生活になるのは間違いないからです。**たとえばMBAを持っているとかっこいいとか、そういう動機ならやめておいたほうがいいと思います。よく周りからMPHについて質問を受けるのですが、率直に言ってしまえば、必ずしもキャリアに必要なものではないと思います。**ただ本当に学ぶことが好きで、人生にとって必要と思われるなら挑戦**

してみるのはよいことだと思います」

●今後の展望について

　リヴァプール大学での学習を終え、病院経営のキャリアをひた走る小迫さんに今後の展望を伺いました。

　「今の病院で業界の先行事例を示しながら、人々の健康に寄与することを少しでも前に進めたいと思っています。そのためにも、医療者と患者様が直に接する医療機関という場でバリューを発揮していきたいと思っています。事業開発や医療のデジタル化などを通して、これからも人々の健康に貢献していきたいです。とにかく今は目の前の仕事を楽しみながら、がむしゃらに前向きに取り組んでいきたいと思っています」

　最後に、これからオンラインで大学院進学を目指す方々へメッセージをいただきました。

　「何かをはじめるのに遅すぎることはないと思います。体力的なことを考えると若さはひとつの利点ですが、30代でも40代でも、興味が湧いた時点でチャレンジしてみるのはよいことだと思います。厳しい面もありますが、学ぶことが好きなら得られるものはあると思います。**そしてなにより楽しいです**。興味のある分野の文献を読んだり、自分の考えを求めたりといった行為そのものは純粋に楽しいものです」

　表4.4に、小迫さんのオンライン留学にかかった費用などをまとめました。ご参考にしてください。

※注　ご所属および職業は取材当時のものです。現在はご所属が変わられています。

表4.4　小迫さんのオンライン留学費用

在籍期間	2015年10月～2018年12月
受講言語	英語
当時かかった学費	約250万円
学費以外にかかった費用	語学試験（TOEFL）受験料

4.4.2　経験者に聞く (4)

①学習時間はどのように確保しましたか？

　1日の中で勉強する時間を固定していました。平日は朝の始業前と夜10時以降。朝は出勤前に小1時間ほどカフェで論文や教科書を読み、夜はおもに書く作業に専念しました。ただ2年目の後半に子どもが生まれてからは生活スタイルが変わり、日中は子育て、夜に修論という生活になりました。日中はほぼ赤ちゃんの世話で過ぎていきましたが、お昼寝中に文献を読み進めるなど、**合間にできることを地道に**やっていました。

②仕事や家庭生活と両立させるためにどのような工夫をしていましたか？

　家庭との両立という点では、家事は基本的に夫婦間で分担していました。たとえば夕食は早く帰った方が作るなど簡単なルールを設けていました。家族の時間も確保するため、土日のどちらかは必ず空けるようにしていました。また大学院では2ヶ月おきに約1週間の休みがあったので、旅行にも出かけました。

③**英語はどうやって対策しましたか？**

　まず出願にあたり英語のスコアが必要だったので、TOEFLの試験対策をしました。ただTOEFL対策で学んだことが入学後の学習にそのまま生きたかというと、その点はあまりリンクしていなかったように思います。**入学後はクラスメイトとの交流を通して、語学や異文化間のコミュニケーション**を学んでいきました。学習に必要な語学力も、学術論文を読んだりエッセイを書いたりするなかで身についていきました。

④**オンラインでもクラスメイトと十分にコミュニケーションは取れますか？**

　グループワークが多かったので、**常にクラスメイトとコミュニケーション**を取りながら学習を進めていました。特に生活時間帯やモチベーションが近いメンバーとはSNSでもつながっていました。特に仲良くなった南アフリカ人とナイジェリア人のクラスメイトとは、メッセージアプリで常にやりとりをしていました。彼らとは卒業式ではじめて対面したのですが、

さまざまな課題をともに乗り越えたこともあり、会ってすぐに意気投合することができました。

⑤学習に対するモチベーションはどのように保っていましたか？

　モチベーションの状態にかかわらず、時間が来たらいやでもパソコンを開いて学習に向かうようにしていました。結局それが学習を前に進めるうえでの最大の原動力になったと思います。学習する環境にも気を配っていました。自分が満足できるツールを揃えることで自然と学習に気持ちが向かうようにしていました。具体的にはパソコンや周辺機器（ヘッドホンなど）、アプリなどは自分が使いやすいものを選んでいました。**また趣味をうまく活用していました。**コーヒーをハンドドリップするのが趣味なので、「ここまで読んだら（書いたら）コーヒーを淹れよう」など目標を立てていました。あとは研究の世界で頑張っている大学時代の友人と連絡を取り合い、刺激をもらったりもしました。

※注　本章に登場される各経験者の方々の職業や肩書き等は、いずれも取材当時のものです。現在はご所属等が変わられている場合があります。

あとがき ―「駅チカ」に住むからこそ冒険を

　本書ではオンライン留学というテーマについてさまざまな角度から綴ってきました。「オンラインで海外大学院に学ぶ」といういまだ謎に満ちた学びの世界について、少しでも知っていただくきっかけになったならうれしく思います。

　今回私がこの本を執筆した背景には、あるひとつの想いがあります。それはオンライン学習とは**あらゆる人に優しくインクルーシブな学び方**だという個人的な信念と、**だからこそひとりでも多くの人にそのよさについて知ってほしい**という思いです。

　今では耳にしない日はない「オンライン」という単語ですが、その語源は意外と知られていません。オックスフォード英英辞典によれば、**オンライン (online) という言葉はもともと「鉄道の沿線上」を意味しました**[1]。語中の「ライン」とはすなわち鉄道の線路のことです。現代だと、都心部に暮らす人たちにとっては「駅チカ」に住むことや、地方在住の方にとっては鉄道駅のある町に住むような感覚に近いかもしれません。

　この語義が生まれたのは19世紀頃と考えられています[1]。当時、「オンライン」に住む人たちはある種の特権階級と考えられていました。鉄道でさまざまな場所にアクセスすることができ、情報をいち早く得ることができたからです。「オンライン」に暮らす人たちはとても恵まれた人たちと考えられてきました。

　しかし**21世紀の今では、私たちみんながオンラインの住人です**。今の時代、インターネットに接続さえすれば瞬時に世界中の情報にアクセスできます。実際に移動しなくてもいろいろな場所に行き、いろいろな人に会うことができます。それを人生に生かさない手はありません。

　一方、**途中下車をすることで見える景色もたくさんあります**。本書でもお伝えしてきたとおり、社会人にとって最高の教室は社会のなかです。オンラインで学んでいるからこそ、積極的に外へ出て、社会に生きながら学んでいただきたいと思います。

　私自身、大学院を卒業したあとも学ぶことは尽きません。特にオンライン学習の世界は進化が早く、日々さまざまな変化が起こっています。そし

て新たな可能性も増え続けています。私自身、そんなオンラインという世界の留学生であり続けたいと思っています。

　なお末筆となりますが、本書執筆にあたりお世話になった編集者の山根加那子様ならびに株式会社近代科学社の皆様、本書にエピソードをお寄せくださった4名の皆様（ご登場順に紺野貴嗣様、高橋円様、佐々木海様、小迫正実様）、本企画に先立ってアンケートにご回答くださった皆様、UCLでの学習中にお世話になった先生方およびクラスメイトの皆様、そして本書を手に取ってくださったすべての方々へ、心より深く御礼申し上げます。

　なお本書の執筆にあたっては、できるだけ最新の情報に留意し、取材や調査を重ねて正確な内容を心がけてきました。しかしながら、もしも誤記や誤った情報などがあった場合は、すべて著者である私の浅学の責任によるところです。なにとぞご指摘を仰ぎたいと思います。

　大学院を卒業したあとも、学びは生涯続きます。大学の卒業証書は青春18きっぷのようなものです。そのきっぷを手にしただけでは、自分が果たしてどこへ行けるのか、あるいはどのようなルートで行けるのかもわかりません。でも歩き出せば必ずどこかへ行けます。目的地へ行けるかもしれません。もとの目的地よりもっと素晴らしい場所に行けるかもしれません。あるいは想像すらしなかったような場所へたどり着けるかもしれません。すべてはその後の行動にかかっています。大学院進学とは、その長い旅路へのチケットを手に入れることだと思います。その旅路が皆様にとって楽しく実り多きものであることを、陰ながら願っています。

参考文献

[1]　Oxford English Dictionary. (n.d.). Online. In*Oxford English Dictionary online.* Retrieved August 24, 2023, from https://www.oed.com/view/Entry/131453

索引

著者紹介

岸 志帆莉 （きし しおり）

昭和女子大学現代ビジネス研究所研究員
修士（教育工学）

1986年東京都生まれ。立教大学文学部英米文学科卒業、ユニバーシティ・カレッジ・ロンドン教育大学院修士課程修了、パリ第五大学大学院教育工学修士課程修了（M.Sc. in Educational Technology）。2010年オックスフォード大学出版局東京支局に入社。2021年より現所属。

専門領域は遠隔教育、成人学習、教育のデジタル化、大学オンライン化等。

大学卒業後、会社勤務のかたわらオンラインでユニバーシティ・カレッジ・ロンドンの教育学修士課程を修了。その後フランスに渡り、パリ第五大学の同大学院学際研究センターにてデジタル教育に関する研究に従事する。滞仏中は現地の小学校でICT教育に関する校内研究および教育活動等にも従事。帰国後は昭和女子大学にて研究活動を続けながら、専門領域における取材執筆活動を精力的に行う。

◎本書スタッフ
編集長：石井 沙知
編集：山根 加那子
図表製作協力：山下 真理子
表紙デザイン：tplot.inc 中沢 岳志
技術開発・システム支援：インプレスNextPublishing

●本書の内容についてのお問い合わせ先
近代科学社Digital　メール窓口
kdd-info@kindaikagaku.co.jp
件名に「『本書名』問い合わせ係」と明記してお送りください。
電話やFAX，郵便でのご質問にはお答えできません。返信までには，しばらくお時間をいただく場合があります。なお，本書の範囲を超えるご質問にはお答えしかねますので，あらかじめご了承ください。

●落丁・乱丁本はお手数ですが、インプレスカスタマーセンターまでお送りください。送料弊社負担に てお取り替えさせていただきます。但し、古書店で購入されたものについてはお取り替えできません。
■読者の窓口
インプレスカスタマーセンター
〒 101-0051
東京都千代田区神田神保町一丁目 105番地
info@impress.co.jp

海外大学院に
「オンライン留学」しよう
自宅からはじめる、新しい人生への第一歩

2023年11月3日　初版発行Ver.1.0（PDF版）

著　者　岸 志帆莉
発行人　大塚 浩昭
発　行　近代科学社Digital
販　売　株式会社 近代科学社
　　　　〒101-0051
　　　　東京都千代田区神田神保町1丁目105番地
　　　　https://www.kindaikagaku.co.jp

印刷・製本　京葉流通倉庫株式会社
Printed in Japan

ISBN978-4-7649-0670-9

近代科学社 Digital は、株式会社近代科学社が推進する21世紀型の理工系出版レーベルです。デジタルパワーを積極活用することで、オンデマンド型のスピーディで持続可能な出版モデルを提案します。

近代科学社 Digital は株式会社インプレス R&D が開発したデジタルファースト出版プラットフォーム "NextPublishing" との協業で実現しています。